섬에서 그린 악보

황동희
에세이

섬에서 그린 악보

― dal segno ―

GREEN SEED

Contents

프롤로그 글로 쓴 악보 8

1

서툴지만 살기 위해
whole rest

평생의 친구를 떠나다 1	13
평생의 친구를 떠나다 2	16
지겨운 타지에서 낯선 타지로 1	19
지겨운 타지에서 낯선 타지로 2	23
준비되지 않은 시작	26
타인의 표정과 시선	30
불편한 마음을 마주하다	34
내가 혼술을 하는 이유	38
안개가 알려주는 것들	43
인생 첫 캠핑	46
술과 함께 찾아오는	51
숨기기를 그만한다면	55
생각은 바늘에 걸어 바다로 던져버리자	59

비우고 나서야 보이는 것들
Lento

커피 향기, 노을, 그리고 여유	65
알람이 필요 없는 아침	69
내게는 완벽한 무계획	72
손절했던 친구를 다시 만나다	77
과열되었기에 차가운 게 필요했던 걸까	82
최고의 공연	86
최악의 공연	89
나는 긴장하는 가수다 1	94
나는 긴장하는 가수다 2	97
에스프레소에 따뜻한 우유를 부으면	102

3

어떻게 살아야 하는지 알려주는 것들
Comodo

손톱의 멍	109
여전히 뜬구름 잡기	112
어떻게 가사를 쓰면 진심이 통할까	116
빨간불 없는 드라이브	120
평생을 함께 할 친구를 다루는 방법	123
까맣게 익은 바나나	127
그냥 하면 되는데 1	130
그냥 하면 되는데 2	135
마음이 습할 때	140
타인처럼 느끼고 노래하기	143
누군가를 위해 기도하는 마음	147
목소리는 마음의 초인종	150
악보 너의 노래	154
악보 우리의 밤을 그려요	158
에필로그 싱어송라이터 동주	166

프롤로그

글로 쓴 악보

노래밖에 할 줄 아는 게 없었던 20대의 끝에 만난 가수의 꿈. 2018년에 데뷔를 할 땐 막연히 꿈이 이루어질 줄 알았다. 달콤한 시간도 잠시, 실패를 맛본 나는 도시를 떠나 섬으로 도망쳐 왔다. 그런데 가수의 꿈을 버린 채 새로운 삶을 살아가려고 찾아 온 이곳에서 나는 처음으로 나에 대해 관심을 가지기 시작했다. 외면하려 했던 나의 부끄러움과 마주하고, 마음의 소리에 귀 기울이게 되었다.

그리고 3년 정도 지난 지금, 나는 다시 악보를 그리기 위해 펜을 들었다. 그저 노래를 잘 부르는 가수보다 내 이야기를 함께 들어줄 관객들과 작지만 소소한 행복을 나누는 그런 가수가 되기 위해서. 낯선 섬에서 다시 든 펜의 무게는 결코 가볍지 않았다. 그래도 찬찬히 악보를 그려 나가다 보니 내 마음속 불안이 점차 편안하게 가라앉는 걸 느낄 수 있었다. 작지만 이제서야 꿈에 가까워지는 것 같다.

제주도에서 소중한 사람들을 만났다. 이곳에서 만난 관객들은 나에게 자신감 그 이상을 주었다. 동료들도 마찬가지다. 많은 영감을 준 이들에게 이제야 나의 음악과 이야기를 진솔하게 담아 들려주기 시작했다.

이 책은 내게는 오선지와 같다. 음악 기호나 코드, 멜로디가 써 있지는 않지만 어쩌면 가장 솔직한 나의 이야기를 글로 써 내려가 만든 첫 글 악보이기 때문이다. 이 섬에서의 여정이 앞으로 어떻게 흘러갈지는 모르겠지만, 나는 다음 악보들을 계속 그려나갈 것이다. 때로는 그리운 것들도 떠오를 것이고, 아픈 것들, 그리고 행복했던 것들도 떠오를 것이다. 나는 그 마디마디를 꾹꾹 밟고 다음 마디를 이어가보려 한다. 그저 사랑을 잃지 않고, 여전히 꿈을 안고서.

1

서툴지만 살기 위해

whole rest
온전히 쉬어가는 과정

평생의 친구를 떠나다 1

노래 부르기를 좋아하는 나는 초등학생 때부터 가수가 되고 싶다는 꿈을 키워왔다. 공부를 잘하는 편도, 다른 특출난 재능이 있는 것도 아니었지만 노래 부를 때만큼은 잘한다는 이야기를 들었다. 아마 그때부터 꿈이 조금씩 커져가지 않았나 싶다. 고등학교를 졸업하자마자 군 입대를 하고 약 24개월의 시간이 흐른 2010년 이른 여름. 나는 한 달간 아르바이트를 하고 받은 월급으로 무작정 상경했다. 서울에 가면 꿈이 이루어질 것만 같았다.

서울 생활은 쉽지 않았다. 당장 마련해야 하는 월세와 생활비를 감당하기 위해 막연한 꿈은 뒷전에 두고 일을 하며 먹고살아야 했다. 지친 하루의 연속. '주객전도'라는 말이 딱 어울리는 생활이었다. 그렇게 8년이라는 적지 않은 시간을 아등바등 버티고 살다 보니 나에게도 기회가 찾아왔다. 대학 동기인 진현이 형의 제안으로 4인조 보컬 그룹 '75번지'라는 가수로 데뷔하게 된 것이다. 순조롭지만은 않았지만, 그래도 데뷔를 하긴 했다. 공중파 방송과 라디오, 그리고 큰 무대까지. 객석에서만 보았던 무대에서 이제는 내가 한 명의 주인공이 되어 노래를 하고 있었다.

천안 예술의전당에서 공연했을 때의 일이다. 수천 석의 객석이 가득 차 있어서 나는 잔뜩 긴장한 얼굴로 무대에 올랐다. 무대에 오른 네 명의 남자가 누군지 궁금해하는 관객들의 표정. 한 곡, 두 곡, 부를 때마다 커져가는 함성 소리. 서로 처음 보는 가수와 관객은 누가 덜하고 더할 것 없이 모두가 무대를 즐기고 있었다. 점차 나도 한결 여유로워져서 어느샌가 웃으며 노래하고 있었다. 꼭 유명 가수가 된 것 같은 착각이 들어서였는지도 모르겠다.

무대가 끝나고 수천 명의 박수와 환호성을 받는 그 짜릿함은 아직까지 선명하게 남아 있다. 무대를 내려와 대기실로 향하면 회사 사람들과 스태프분들의 응원의 박수가 마무리까지 완벽하게 만들어주었다. 이때까지는 꿈같은 현실이 계속될 것만 같았다.

 야속하게도 꿈에서 깨어나기까지는 오랜 시간이 필요하지 않았다. 발매하는 앨범들이 많은 사람들에게 닿지 못했고, 우리가 설 수 있는 무대가 점점 줄어들었다. 이런 상황이 바뀌지 않은 상태로 멤버들과 회사 식구들 모두가 지쳐가고 있었다. 이제는 시간이 얼마 남지 않았다는 것을 느낄 수 있었다. 나는 현실을 외면한 채 스트리밍 라이브, 유튜브, 버스킹 등 내가 할 수 있는 건 닥치는 대로 시도했다. 발버둥일 뿐이라 해도, 꿈이 끝나가는 걸 그저 지켜보며 가만히 있으면 더 미쳐버릴 것 같았다.

 괴로운 시간이 얼마나 흘렀을까, 나에게 팀 활동을 제안했던 진현이 형이 멤버들을 한자리에 모았다. 무슨 말을 할지 말하지 않아도 알 수 있었다. 탈퇴를 하겠다는 말에 다시 한번 잘해보자는 무책임한 이야기를 할 핑계도, 힘도 없었기에 모두 아무 말도 하지 않았다. 차가운 침묵과 함께 가수 75번지는 마침표를 찍었다.

평생의 친구를 떠나다 2

진현이 형의 탈퇴 선언과 함께 진행 중이던 신곡 작업은 모두 중단되었고, 회사에 있을 이유도 사라졌다. 모든 것이 무너져내려버린 것이다. 갈 곳도 없고, 할 것도 없기에 어떻게 하루를 버텨야 하는지 알 수 없었다. 나에게 남은 건 수천만 원의 대출금뿐이었다. 회사에 몸담은 2년 동안 일도 하지 못하는 상태에서 생활비, 식비, 월세 등 모든 걸 대출로 감당할 수밖에 없었기 때문이다. 나날이 늘어가는 대출금을 보면서 한숨 역시 늘었지만, 그저 열심히 해서 잘 되는 방법밖에 없다고 생각하고 달렸던 것이다.

그 꿈이 이렇게 허무하게 끝났다. 많은 일들을 겪어왔

지만 이렇게 큰 좌절을 견딜만한 힘은 없었다. 10년을 그토록 고생하며 애썼는데. 나는 그저 노래하면서 살고 싶었을 뿐인데. 음악만 곁에 두고 30년을 살아왔는데…. 이렇게 끝나버리니 남는 게 아무것도 없었다. 앞으로 어떻게 살아야 할까, 앞으로 내가 무얼 더 할 수 있을까. 캄캄하고 막막한 마음에 생각을 할 여력이 생기지 않았다. 내가 버티며 살아온 이유가 한순간에 모두 사라졌다. 나는 주저앉은 것이다.

한동안은 밖을 나가지도 않고 집에서만 시간을 보냈다. 하고 싶은 것도, 먹고 싶은 것도 없이 그저 술만 마셨다. 나는 취하면 좋아하는 음악을 틀어 놓고 노래를 하거나 온몸으로 음악을 느끼는 버릇이 있는데, 이때는 술버릇도 없었다. 음악조차 듣기 싫었다. 조용한 방에 술과 한숨 소리만이 가득했다. 초등학생 때부터 좋아했던 노래를 더 부를 자신이 없어졌다. 전부라고 생각한 나의 오랜 친구를 놓아주어야 할 때가 온 것만 같아 가슴이 쓰렸다.

이런 생활을 얼마나 했을까. 갈 곳은 없지만 조금이라도 걸어야겠다는 생각에 밖으로 나섰다. 크고 높은 빌딩들 아래 북적이들 사람들, 길거리 매장에서 흘러나오는 시끄러운 음악 소리, 그리고 도로를 가득 채운 차들의 엔진 소리와 경적 소리. 지긋지긋하다. 떠나야겠다, 모든 걸 버려둔 채로. 어디로 떠나야 할까. 내가 갈 곳이 있었나. 이대로 고향으로 돌아가게 된다면 정말 모든 게 다 끝났다는 걸 인정하고 다른 삶을 살게 될 것 같다.

생각이 거기까지 닿은 순간 덜컥 겁이 났다. 행복하지 않을 게 뻔히 보이는 길을 가고 싶지는 않았다. 죽은 것과 다름없는 삶을 살 용기는 아직 없었다. 여행을 많이 다녀보지 않아서 수도권과 고향인 경상도를 제외하면 국내에서 가본 곳이라곤 강원도나 제주도뿐이었다. 지도에 그려진 제주도는 나처럼 홀로 세상과 떨어져 있어 외로워 보였다. 제주도로 떠나야겠다는 알 수 없는 확신이 들었다.

그리곤 곧장 섬으로 갈 준비를 시작했다. 10년의 서울 생활 동안 남은 것이 없었기에 떠날 준비는 생각보다 수월했다. 나는 나의 전부였던 음악을 포함한 모든 걸 버리고 떠나기로 했다.

지겨운 타지에서 낯선 타지로 1

방구석에 박혀 매일 술만 마셔대는 내가 안쓰러워 보였는지, 친구 윤석이에게 동네에서 한잔하자는 전화가 왔다. 그때는 윤석이와 동네 횟집에 소주를 마시러 갈 때만 집 밖으로 나가곤 했다. 서울에서 같은 동네에 살았던 윤석이는 고등학생 때부터 알고 지낸 고향 친구이자, 75번지의 해체 이후 내가 유일하게 속마음을 모두 털어놓을 수 있었던 친구다. 나의 상황을 자세하게 알아서 걱정도 많이 해주고, 무작정 제주도로 떠나겠다는 정신 나가 보이는 소리에도 응원해 준 고마운 놈이다.

윤석이의 응원과 함께 제주도로 떠나기로 마음을 먹고

주위에 이 사실을 알렸다. 잘 선택했다, 하지만 불편하고 외롭지 않겠냐는 걱정 섞인 반응이 대부분이었다. 하지만 이미 외로운 서울 생활을 하고 있었기 때문에 그 부분은 전혀 고민거리가 되지 않았다. 더군다나 이곳에서 할 일이 사라져버린 상황에 여기 그대로 남아 있는 게 더 외롭고 힘든 시간이 될 거라는 걸 잘 알았다. 어쩌면 나는 그저 제주로 도망치고 싶어서 듣고 싶은 답을 정해 놓고 원하는 반응을 찾고 있었는지도 모르겠다.

서울 집 계약기간이 남아 있었고, 짐도 꽤 있었지만 제주 생활에 필요한 것들만 남기고 모두 버렸다. 내려가기 전 제주에서 지낼 집을 구하기 위해 제주에서 살고 있는 대학 동기에게 연락해서 집은 어떻게 구해야 좋은지, 또 어떤 동네가 좋은지 물었다. 이렇게 얻은 약간의 정보로 일단 한 달만 지낼 숙소를 구했다. 그리고 최소한의 짐만 챙겨서 나는 무작정 공항으로 출발했다.

그렇게 도착한 제주 공항. 여행으로 왔을 땐 설렘의 상징 같던 야자수들이 낯설게 느껴진다. 여행으로 온 것도 아니고, 일하러 온 것도 아닌 상태에서 제주 공항에 내린

이 기분을 어떻게 설명할지 모르겠다. 길을 잃어 무서운 마음이 가득할 때에 만난 야자수는 어딘가 두려운 느낌으로 다가왔다.

탁송으로 보낸 차를 찾으러 먼저 제주항으로 향했다. 제주항은 공항에서 멀지 않은데도 여행으로 가볼 일이 없어서 더 낯설었다. 차가 있는 곳은 컨테이너 박스들만 가득하니 더욱 그렇게 느껴졌다. 모든 게 낯선 곳에 익숙한 거라곤 오래된 내 차 하나뿐이었다. 익숙한 차를 몰고 딱히 갈 곳도 없고, 하고 싶은 것도 없어서 일단 숙소로 향했다. 숙소는 서귀포시 안덕면에 있는 화순리라는 동네에 있었다. 차로 한 시간 정도 걸리는데, 가는 길조차 어색해서 바깥 풍경을 볼 겨를도 없이 내비게이션 화면과 도로만 보면서 달렸다.

그렇게 도착한 화순리라는 작은 마을은 아주 평화로웠다. 구름 한 점 없는 맑은 하늘, 나무들이 가득한 동네. 숙소로 들어가 보니 생활에 필요한 기본적인 것들은 다 구비되어 있었다. 한 달만 지낼 거라 최소한의 짐들만 풀었다. 간단하게 짐 정리를 하고 거실에 있는 식탁에 앉았다. 이제서야 주변의 것들이 보이기 시작했다. 바로 옆에 있는 창문 너머로 보이는 바다와 나무, 그리고 감귤 농장. 건물들이 빼곡히 모여 북적거리고 시끄러운 서울의 집과는 아주 달랐다. 이 풍경은 나를 환영하는 걸까, 아니면 왜 왔는지 캐묻는 걸까? 너무나도 다른 분위기에 어리둥절한 마음이 들었다.

지겨운 타지에서 낯선 타지로 2

숙소에 앉아 잠시 생각에 잠기나 싶었는데, 제주에 내려온 걸 전해 들은 한 친구에게 자기도 지금 제주도에 있으니 커피 한잔하자는 연락이 왔다. 친구는 제주시에 살고 있었고, 나는 서귀포에 있으니 중간에서 보는 게 좋겠다며 새별오름에서 만나자고 했다. 나는 제주 오름에 대해 잘 몰라서 그 오름이 어디에 있는지 물었다. 전에 제주로 여행을 오면 거의 바다를 보면서 술을 마시거나 조용한 카페를 가는 걸 좋아했기에 오름을 오르는 건 내 계획에 있던 적이 없었다.

아까 왔던 길을 다시 거슬러 올라 도착한 새별오름은

제법 큰 오름이었다. 옆에 큰 카페가 있었는데, 카페 안에서 오름이 훤히 보였다. 친구를 만나 서로의 근황을 이야기하다 왜 제주로 내려왔냐는 질문에 얼렁뚱땅 속내와 다른 대답을 하고, 화제 전환을 위해 친구의 제주 생활은 어떤지 역으로 물었다. 친구는 지내다 보니 제주나 서울이나 다 똑같다고 했다. 그러면서 나에게 제주시도 아니고 왜 안덕면 같은 시골로 갔는지 물었다. 서울에서 있었던 일들은 말하고 싶지 않았기 때문에 그냥 복잡하고 시끄러운 게 딱 질색이고, 지금은 조용하고 한적한 곳이 좋아서 그쪽으로 갔다고 둘러댔다. 그 친구는 조용한 풍경이 좋은 건 6개월까지만이라며, 결국 불편하고 외로워서 제주시나 육지로 올라가게 될 거라고 했다. 자신 있는 듯 이야기하는 친구의 말을 끝으로 우리는 헤어졌다.

돌아온 화순리는 해가 저물어 있었다. 밤 아홉 시도 되지 않은 시각인데 동네가 무척 어둡고 조용했다. 근처에 보이는 편의점에 들러 간단히 먹을 저녁과 술을 사다가 숙소로 돌아왔다. 답답한 게 싫어 창문을 모두 열었다. 당연히 들려야 할 것 같은 경적 소리나 시끄러운 음악 소리는 들리지 않고, 바람에 흔들리는 나뭇잎 소리만이 창문 안으로 들어온다. 적응이 되지 않았다. 공허한 마음을 더 크게 느끼고 싶은 것처럼 아무것도 보거나 듣지 않고 고요가 가득한 식사를 했다. 식사를 마친 뒤 치우지도 않고 멍하게 있다가 문득 걱정스러운 마음이 들었다. 막상 내려왔지만 뭘 해야 할지도 모르겠고, 당장 내일을 어떻게 시작할지조차 가늠이 안 되었기 때문이다.

시끄러운 서울을 떠나 고요한 제주에서 느끼는 어색함 때문에 나는 더 공허해지는 것 같았다.

준비되지 않은 시작

이른 아침부터 눈이 떠졌다. 커튼을 걷고 침실 창문을 여니 이 동네의 하늘은 여전히 구름 한 점 없이 파랗고, 눈앞의 감귤 밭 사이에서 새들은 무슨 좋은 일이 있는지 재잘대고 있었다. 그리고 그 너머 푸른 바다에 햇살이 비쳐 얄밉게 반짝이고 있었다. 한숨을 거칠게 내쉬고 거실로 나갔다. 잠도 깰 겸 물 한 잔을 마시는데 밤새 열려 있던 창문 사이로 바람이 선선하게 불어 들어왔다. 너무 고요해서 어젯밤 거실 창문을 닫을 생각도 못 했던 것이다. 창밖으로 보이는 산방산을 멍하니 바라보다 문득 눈에 보이는 외투를 대충 입고 나섰다.

고향 집을 떠난 뒤로 이사를 자주 했다. 그러면서 자연스레 이사 후의 루틴 같은 게 생겼다. 새 동네를 찬찬히 산책하는 것이다. 동네마다 고유의 분위기가 분명히 있다. 산책을 하다 보면 그런 동네마다의 분위기를 들어선 가게에서 느낄 때도 있고, 걸어 다니는 사람들에게서 느낄 때도 있다. 새소리와 바람에 흔들리는 나뭇잎 소리만 가득한 평온한 동네. 안덕면에서도 동네를 샅샅이 눈에 담으려 가볍게 산책을 나섰다.

천천히 걷다 보니 시선 아래 저만치에 눈치 없이 빛나던 바다가 있다. 가까우면서도 멀어 보이는 그곳으로 발걸음을 옮겨본다. 가는 길에는 온통 하얀색으로 칠해진 작은 의원 앞에 어르신들이 줄줄이 의자에 앉아 차례를 기다리며 담소를 나누고 계신다. 옆에 있는 더 작은 약국을 지나면 빨간 벽돌을 쌓아 만든 아담한 우체국 건물이 보인다. 일하는 직원이 적어서 그런지 점심시간에 오히려 문을 닫는단다. 제주에서 처음 만난 신선한 광경이다.

작은 마을이라 그런지 모든 게 아담하고 조용하다. 서울에서 본 적 없던 브랜드의 치킨집들, 허름한 간판을 달고 있는 중국집… 영업을 하는지 안 하는지 알 수가 없다. 몇몇의 식당과 편의점을 지나 5분 정도 걸으면 바다에 도착한다. '화순 금모래해수욕장'이라 쓰인 팻말. 다시 보니 금색인 것 같기도 하고 아닌 것 같기도 하고, 애매한 빛을 띤 모래사장이 있다. 구름도 미세먼지도 없어서 수평선이 선명하게 보인다. 그 옆으로 가파도, 마라도, 형제섬이 보이고, 옆엔 커다란 산방산이 우뚝 서 있다. 푸른 나무와 바다, 반짝이는 윤슬이 하나의 그림같이 어우러져 잠시 평온한 위로를 선물 받는다.

올록볼록한 섬과 산을 구경하며 조금만 걸으면 무료로 이용할 수 있는 캠핑장과 차박을 할 수 있는 주차장이 있다. 그 옆엔 어릴 적 고향 집 앞에서만 보던 '코사마트'라는 작은 슈퍼도 하나 있다. 슈퍼 앞에 흰 진돗개 세 마리가 있다. '강아지'보단 '개'라는 호칭이 어울리는 늠름한 개들이다. 인기척이 느껴지면 셋 모두 벌떡 일어나 쳐다본다. 물을 사러 슈퍼에 들어서는 길에 이유 없는 신경전을 벌이며 최대한 심기를 건드리지 않고 안으로 들어간다. '물 한 통 사는데 이렇게까지 눈치를 볼 일인가' 생각하면서 천천히 마트를 나오면, 바로 앞에 큰 나무가 그늘을 드리우는 벤치가 있다. 잠시 앉아 살랑바람을 맞으며 물을 한 모금 마신다.

평일 오전이라 그런지 해변이 조용하다. 쉬어 가라고 놓인 의자에서 적당하게 부는 바람을 맞으니 자연스럽게 몸에 힘이 풀려 작은 한숨이 나온다. 제주에 온 게 조금은 실감이 나는 것 같다. 아무런 준비 없이 도망쳐 온 낯선 섬에서 나는 무얼 해야 할까. 어떻게 시작해야 좋을지 도통 감이 오질 않는다. 어쩌다가 여기까지 오게 된 걸까. 답답한 마음은 그대로다.

타인의 표정과 시선

하루빨리 서울에서 벗어나고 싶은 생각에 무작정 떠나오느라 미처 정리하지 못한 것들이 서울에 남아 있었다. 첫 번째는 집이다. 계약기간이 끝나기도 전에 제주로 떠나버려서 한동안 이중으로 월세를 냈다. 바보같이 손해를 보고 있다고 생각할 수도 있겠지만, 계약기간을 채우기 위해 서울에 머무는 시간이 가장 큰 손해라는 생각이 들어 얼른 떠나버렸다. 그 외에도 정리할 것들이 있어서 제주 생활 초기에는 서울에 갈 일이 종종 생겼다.

낯선 섬에 온 지 아직 한 달밖에 되지 않았을 때는 제주에서 서울로 가는 이동조차 서툴렀다. 어느 날은 충분히 여유를 두고 출발했는데도 버스 시간을 잘못 확인해서 공항에 늦게 도착해버렸다. 이런 바보 같은 일로 손해 보는 걸 굉장히 싫어하는데, 그땐 스스로에게 화를 낼 기력조차 없었다. 비행기는 떠나버렸고, 서둘러 다음 항공편을 예약하는 수밖에. 탑승 시간까지 한 시간 넘게 남아버려 어디로 이동하기도 애매했다. 공항 안에 있는 카페에서 커피 한 잔을 시켜 창가 자리에 앉았다.

유리창 하나를 사이에 두고 카페 안에는 내가 앉아 있고, 밖에는 사람들이 짐을 들고 바삐 다니고 있다. 커피를 마시며 시선 둘 곳이 없어 창밖 사람들의 표정을 관찰해본다. 휴가를 즐기러 이제 왔는지 환하게 웃는 사람, 아쉬운 표정으로 집으로 돌아가는 사람, 일하러 온 건지 목적지만 보며 바삐 움직이는 사람…. 내가 알 수 없는 이유로 왔을 사람도 많겠지.

그러다 일하러 온 것 같지는 않아 보이고, 혼자만의 여행을 온 것처럼 홀로 다니는 사람들에게 눈이 간다. 나처럼 이전에 지내던 곳이 싫어서 도망쳐 온 사람도 있을까? 혼자 온 사람들의 표정은 알 수가 없다. 이 사람들은 어디로 향하는 것이며, 또 어떤 생활을 하기 위해 제주로 떠나온 걸까. 알지도 못하는 사람들의 이야기를 허락도 없이 그려본다. 감정을 최대한 숨긴 채 그저 가야 할 길만 보면서 이동하는 건지, 그 표정들 너머의 감정을 엿보기란 쉽지 않다.

나는 남들의 시선을 무척이나 신경 쓰며 살아왔다. 물론 사람들 앞에서 노래하는 직업을 가졌으니 보이는 것에 어느 정도 신경 써야 하지만, 그것과는 조금 다르다. 꿈을 이루기 위해 서울로 상경한 뒤부터 내 삶에 간섭을 하는 사람들이 많아졌고, 고향에 갈 때마다 친구들에게 그만하고 내려오라는 소리를 들었다. 내 삶을 책임져주지도 않을 사람들, 더군다나 음악을 하지도 않는 사람들에게 시답잖은 조언을 듣는 일이 많아졌다. 갈수록 나는 그런 자리들을 멀리하게 되었다. 그런데 그러면서 오히려 그 시선들을 더 의식하기 시작한 것 같다. 이런 내가 어떤 사람으로 보일까. 여기에 신경을 쓰면 쓸수록 그 눈들이 나를 뒤쫓는 것처럼 조급해졌다.

지금 나는 어떤 사람으로 보일까. 혼자서 잠시 여행을

온 사람처럼 보일까, 도민으로 보일까, 아니면 낯선 섬으로 도망쳐 온 걸 다 들켰을까. 시선들은 알 수가 없다. 그들은 정작 나에게 관심도 없다.

서울 일정을 마치고 제주 공항에 다시 도착했을 땐 해가 진 지 오래되어 공항 바로 앞의 야자수도 보이지 않았다. 어둠으로 가득한 와중에 보이는 건 신호등과 택시들뿐. 몸도 마음도 지쳐 정류장 뒤편에 앉아 오려면 한참 남은 버스를 기다리며 또 사람들을 구경했다. 이곳에는 나를 아는 사람이 없다. 그런데도 나는 왜 낯선 사람들을 구경하면서 그들의 시선을 의식할까. 정말 중요한 내 마음은 의식하지 못한 채. 다른 사람들의 관심 없는 시선만 의식하며 쓸데없는 시간을 보내고 있는 건 아닐까.

불편한 마음을 마주하다

첫 한 달을 머문 동네 화순리가 마음에 들어 더 머물기로 했다. 이런 시골 동네에서는 직방이나 다방 같은 플랫폼으로 집을 구하기가 어렵다. 직접 동네를 돌아다니면서 발품을 팔아야 한다. 건물에 걸린 세를 놓는다는 현수막을 보고 이곳저곳에 전화를 걸고, 집을 알아보았다. 결국 큰 거실에 방이 두 개 있는 5층짜리 빌라 한 칸에 1년을 계약하고 이사를 했다. 화순리는 이젠 내가 사는 동네가 되었다. 그래서일까? 작은 동네에 조금씩 정도 가고, 떠도는 느낌이 아니라 머무를 곳이 생겼다는 것에 꽤나 큰 안정감이 생기는 것 같았다.

하루는 비가 오는지도 모르고 전날 더위에 지쳐 창문을 열어놓고 잠들었다가 숨 막히는 습기와 함께 찾아오는 빗소리에 눈을 떴다. 깨어났을 땐 이미 방으로 비가 조금씩 들어오고 있었다. 더 이상 빗물이 방 안으로 들어오지 않게 졸린 눈을 제대로 뜨지도 못한 채 얼른 창문부터 닫았다.

잠이 덜 깬 상태로 황급히 위기에 대처하고 다시 침대에 앉으니 아침부터 기분이 별로다. 졸린 눈을 비빌 틈도 없이 찾아오는 꿉꿉함에 일단 제습기를 틀었다. 제주도의 여름은 비가 많이 오는 편이다. 비가 내려 시원한 바람이 부는 게 아니라, 떨어지는 빗방울 사이로 꿉꿉한 습기가 가득해 불쾌지수가 높아지는 그런 날씨. 나는 온몸을 굳게 만드는 겨울철 추위에도 약하지만 오늘같이 덥고 습한 날씨엔 더 취약하다. 짜증도 많이 날뿐더러 온몸에 힘이 빠져 기운이 없어진다.

거실로 나와 창밖을 슬쩍 보니 하늘은 온통 먹구름으로 뒤덮여 있고, 차들은 아침부터 라이트를 켜고 다녔다. 제습기를 한참을 틀어도 꿉꿉함이 사라지지 않았다. 그래서 기분이 여전히 별로다. 날씨가 서운해서 창을 등진 채로 아침식사를 준비했다. 날씨가 입맛까지 홀라당 훔쳐 갔는지 절반도 먹지 못하고 수저를 놓았다. 입맛도 없고 배도 부르지 않다. 그렇다고 먹고 싶은 게 있는 것도 아니고, 하고 싶은 것도 없다. 그런 하루의 시작이다. 애써 이겨내고자 찬물로 세수를 해본다. 시원한 물에 손을 대니 일단 정신이 번쩍 들었다. 세수하며 오늘의 날씨와 기분을 함께 씻어내렸다.

이제 기분이 나아지길 바라는 의식처럼, 차가운 커피를 마시면서 신나는 음악을 틀어본다. 음악을 들으니 제법 나쁘지 않게 이겨낼 것 같은 기분이 든다. 시원한 커피를 마시니 금방 비가 그치고 이 습한 공기도 바뀔 것만 같다. 하지만 그것도 잠시, 커피를 다 마시고 경쾌한 리듬의 음악도 끝이 나면 다시 꿉꿉함이 스멀스멀 올라와 시비를 건다. 괜찮아지고 다시 온 이놈은 더 강해져서 돌아왔다. 뭘 더 해야 하지? 더 차가운 물로 세수를 하고 더 차가운 커피를 마셔야 하는 걸까.

딱 그런 날이었다. 아직 풀리지 않은 감정들을 다른 것들로 잊으려 해야 하는 걸까. 잠시 잊을 순 있겠지만 혹시나 그 감정이 찾아올 땐 두 배로 커져서 돌아오진 않을까. 그럴 땐 또 다른 것들을 찾아 애써 외면해야 되는 것일까. 풀리지 않는 미련과 슬픔의 마음을 외면한 채 차가운 물로 세수를 해보아도 잊는 건 잠시뿐이고, 그 감정은 더 커져서 다시 돌아올 것이다.

그러니까 오늘만큼은 이 감정을 똑바로 마주하고 정리해 보자는 생각에 닿았다. 지금 당장은 꿉꿉함에 힘들고 불쾌하더라도 그동안 외면했던 마음속 감정들을 하나둘 마주해보자고. 모든 게 정리되고 나서 다시 장마를 만났을 땐 빗소리가 반가워질지도 모른다고 말이다.

내가 혼술을 하는 이유

누구나 혼자만의 시간이 필요한 것 같다. 마음의 여유가 없을 때는 다른 사람의 걱정거리나 스트레스에 대해 들어주는 것조차 피곤하게 느껴지니 말이다. 누군가는 이런 시간에 책을 보기도 할 테고, 침대에 가만 누워 있거나 산책을 하는 사람도 있을 것이다.

나는 혼자 술을 마시는 걸 무척 좋아한다. 오로지 내가 먹고 싶은 음식과 좋아하는 술과 음악, 나의 감정에 집중하는 시간. 무엇보다 내가 혼술을 좋아하는 이유는 한 잔, 두 잔 마시고 취했을 때 가끔 머릿속에 가득했던 걱정이 잠시 지워지고, 잊고 있던 더 중요한 것들이 떠오르는 날들이 있었기 때문인지도 모르겠다.

제주에 오기 전부터 나는 혼자서 술을 즐겼다. 서울에서는 번화가 한가운데에 살아서 창밖에 소음으로 느껴질 정도의 소리들이 가득했다. 그래서 술을 마실 때도 창문을 꾹 닫고 있을 때가 많았다. 내가 사는 제주의 작은 마을 화순리에서는 창문을 활짝 열면 자동차 경적 소리가 아니라 바람에 흔들리는 나뭇잎 소리, 그리고 눈부신 네온사인이 아니라 어둠 속에 딱 하나 켜진 가로등 불빛이 들어온다. 이 모든 것들은 꽤나 멋진 시간을 선물해 준다. 마치 이곳에 온 것을 환영하는 것처럼 말이다.

주로 안주와 술을 사 오는 곳은 집에서 15분을 걸어 나가면 있는 작은 마트다. 작지만 정육이나 회, 와인까지 제법 있을 건 다 있다. 나는 장 보는 걸 굉장히 좋아하는 편이다. 오늘도 어김없이 집에 들어가기 전에 습관처럼 마트를 들른다. 문을 닫는 밤 아홉 시가 다 되어 도착하기 때문에 서둘러 장을 봐야 한다. 즐겨 먹는 광어회 한 접시와 소주 한 병을 사고 뭐 빠진 것은 없는지 괜히 한 바퀴를 더 돌아본다.

제주에 살면 모든 가게들이 일찍 문을 닫기 때문에 조금 부지런히 시간을 사용해야 한다. 이 마을도 다를 것 없다. 저녁이 되면 거리에 차도 사람도 거의 없고, 가로등만이 골목을 밝힌다.

호젓한 길을 걸어 집에 돌아오면 장 봐온 것들을 잠시 내려놓고, 먼저 블루투스 스피커를 연결한다. 나는 그날그날 듣고 싶은 음악으로 분위기를 낸다. 주로 가스펠, 알앤비, 어쿠스틱 팝 등을 즐겨 듣는 편이다. 개인적으로 심플한 사운드와 흘러가듯 잔잔한 곡들을 좋아해서 선곡의 폭이 넓진 않지만, 매일의 플레이리스트는 나름의 기준을 가지고 신중하게 정한다. 오늘은 사라 바렐리스, 에릭 베넷, 나얼, 성시경의 노래들을 담았다.

사라 바렐리스는 가수 겸 피아니스트이며, 그녀의 2007년 데뷔 앨범인 〈Little Voice〉의 12번 트랙 'Gravity'는 개인적으로 좋아하는 곡이다. 비가 오거나 기분이 울적할 때 들으면 알아듣지도 못하는 영어 가사지만 왠지 모르게 위로를 받는 기분이 든다. 이어서 에릭 베넷의 'Still with You', 나얼의 'I Surrender All'과 'Missing You', 성시경의

'태양계'와 '영원히'가 흘러나온다. 이런 노래들은 사운드가 굉장히 단순한데 그만큼 가수가 목소리와 가사에 힘을 실어 불러서 더 크게 와닿는다. 여러 재료가 담긴 부대찌개의 풍부한 맛과 함께 술을 곁들이는 것도 좋지만 때로 회나 치즈 같은 한 가지 재료의 맛을 온전히 느끼며 술을 마시는 느낌이 또 다르듯이. 이 음악들이 나에게 딱 그런 느낌이다.

정사각형의 나무 테이블 위에 단출한 안주를 올려놓고 음악을 들으며 먹는 술은 무겁지 않고 딱 적당하다. 그렇게 한두 잔 마시다 취기가 올라 살짝 알딸딸해지면 진정한 나만의 시간이 찾아온다. 혼자 술에 취해 칠렐레팔렐레한 모습으로 보일 수도 있겠지만, 나는 내 마음에 가장 집중할 수 있는 이 시간이 너무 반갑다. 그때 음악을 끄고 식탁 옆 창문으로 흘러 들어오는 소리를 들으면 꼭 조용한 음악 같다. 창밖에 있는 가로등을 바라보며 소소한 행복감이 들 때도 있고, 때로는 지난날들에 대한 회상으로 같은 풍경이 화나고 미워 보이기도 한다.

이 감정, 저 감정 사이를 돌아다니다 보면 결국 해답에

다 다른다. 지난 일은 되돌릴 수 없으니 거기에 시간과 감정을 쓰기보다, 나만을 위해 스스로를 더 아껴가며 살아가야겠다고. 앞으로 어떻게 살아야 하는지 조금은 알 것 같다. 이래서 혼술을 좋아한다. 걱정을 술과 함께 목 안으로 털어 삼켜버리면 마음도 조금은 가벼워진다.

안개가 알려주는 것들

어쩌면 당연한 이야기겠지만, 제주도에는 고속도로가 없다. 한라산 옆으로 쭉 뻗어 제주시와 서귀포시를 이어주는 '평화로'라는 길이 고속도로와 비슷하다. 이곳은 다른 곳보다 고도가 높은 편이라 주변의 풍경들이 시선 아래에 있다. 평화로를 달릴 땐 왼쪽 아래에 바다가 있고, 오른쪽엔 한라산과 푸른 나무들이 드리워 있다. 하지만 이 풍경을 매일 볼 수 있는 것은 아니다. 제주도는 날씨가 참 특이해서 제주시, 서귀포시 모두 맑은데 평화로 쪽만 비가 오는 경우도 있고, 안개가 껴서 차들이 전부 비상등을 켜고 주행하는 날도 많다. 그래서인지 얼마 전부터는 평화로 중앙 가드레일에 빨간 조명이 달리기도 했다.

일주일에 이삼일 정도 학생들을 가르치러 갈 때 나는 항상 평화로를 타고 간다. 이때는 낮 시간대라 안개 사정이 그나마 낫다. 하지만 수업들을 마치고 저녁 늦게 돌아가는 퇴근길에 만나는 안개는 쉽지 않다. 시야가 뿌예지니 운전하며 긴장하게 되고, 이미 지친 상태로 집에 가는 길이 더 힘들어진다. 얼마 전에 설치된 조명 덕분에 조금은 나아진 것 같긴 하지만, 어떨 땐 불빛이 안개에 번져 운전하기가 더 어렵게 느껴지기도 했다. 여기에 비까지 내리면 그날은 집에 일찍 가는 걸 포기해야 한다.

평화로만이 아니라 제주도 어디에서든 안개가 자주 낀다. 언제 어디서 안개를 만나도 이상하지 않을 정도다. 어느 날은 집에만 있어 지루한 마음을 달래보고자 드라이브를 하러 나갔다. 목적지 없이 무작정 달리던 와중에 역시나 안개를 만났다. 답답해서 집을 나선 내 마음을 놀리듯 유독 심하게 낀 안개에 운전하기가 어려워 잠시 차를 세웠다. 세운 김에 문을 열고 나가 보니 안개가 숨 막힐 듯 자욱해서 나가자마자 다시 차 안으로 나를 밀어 넣었다.

아무래도 안개가 걷힌 다음에 출발해야 할 것 같아서

차 시동을 끄고 음악을 틀었다. 차 시트를 완전히 뒤로 젖히고 누웠는데, 아니나 다를까 비까지 온다. 투두둑 차 위로, 땅 위로 떨어지는 빗소리. 편안하게 누워서 들으니 퇴근길에 만날 때와는 사뭇 다른 느낌이다. 빗소리를 배경으로 깔고 흐르는 음악에 더 두터운 분위기가 생기고, 마음속 짜증도 조금은 수그러들었다. 종잡기 어려운 제주가 이제는 편안해졌는지, 내 의지와 상관없이 다가오는 것들이 전부는 아니어도 가끔 반갑게 느껴지기도 한다.

날씨는 늘 변한다. 제주도 날씨는 좀처럼 내가 원하는 대로 흘러가지 않는다. 중요한 건 맑고 흐린 게 아니라 어떤 날씨도 새롭게 맞이할 수 있는 내 마음인 것이다. 이 깨달음을 얻기까지 꽤 먼길을 돌아왔다. 지금이라도 마음속에 낀 안개가 조금씩 걷히니 모든 것들이 전보다 약간은 선명하게 보이기 시작한다.

인생 첫 캠핑

제주에 와서 가장 해보고 싶었던 것들 중에 하나가 캠핑이다. 탁 트인 바다를 앞에 두고 나무에 둘러싸여 새소리와 함께 타닥타닥 장작 타들어가는 소리를 듣는 게 더할 나위 없이 좋아 보였다. 서울에서는 외곽으로 나갈 엄두가 나지 않아서 캠핑을 가고 싶은 생각도 크게 없었다. 그런데 화순리에 와서 바로 근처에 금모래해변 캠핑장을 본 것이다. 여름 성수기를 제외하고는 심지어 무료로 이용할 수 있어서, 산책할 때마다 나중에 캠핑을 해본다면 여기서 처음으로 하고 싶다고 생각했다.

장소는 이미 가까이로 정해져 있으니, 필요한 물건들을

살 차례다. 어차피 혼자 가는 캠핑이기 때문에 날짜를 미리 정할 필요도 없다. 무료 '로켓배송'이라는 엄청난 메리트 때문에 제주 생활에서 필수인 쿠팡 멤버십으로 이것저것 구매했다. 오랫동안 하고 싶던 것을 실제로 처음 해본다는 설렘 때문일까, 쇼핑하는 것부터 즐거웠다. 다른 사람들처럼 더 크고 많은 장비들을 사고 싶었지만 일단은 당장 필요한 것만 구입했다. 텐트와 침낭, 간단하게 요리할 수 있는 조리도구와 편하게 앉을 수 있는 의자까지. 택배가 도착할 때마다 설레는 마음으로 상자들을 뜯어보고, 미처 주문하지 못한 물품들은 적어 두고 따로 구매하며 차근차근 나의 첫 캠핑을 준비했다.

이제 어느 정도 준비가 된 것 같아 짐들을 차에 가득 실어서 캠핑장으로 향했다. 설치한다는 말보다 펼친다는 말이 맞을 것 같은 원터치 텐트는 휙 던지니 알아서 완성되었다. 이것만 했을 뿐인데 캠핑 초보인 나는 벌써 다 한 것 같은 느낌이 들었다. 짐을 풀기 전에 주변 풍경을 감상하기 위해서 먼저 의자를 꺼내 앉았다. 바다는 햇빛에 따뜻하게 반짝이고, 하늘의 구름은 노을을 삼킨 듯 붉게 물들었다. 그 옆으로 푸른 산방산이 노을을 뺏길까 서둘러 자기 쪽으로 당기고 있었다. 그 씨름을 구경하면서 슬슬 조리도구와 음식들을 꺼낸다.

오늘의 메뉴는 마트에서 산 돼지고기 목살 구이다. 먼저 고기에 양념을 살짝 치고, 달궈진 팬에 겉이 바삭하게 익을 정도로 굽다가 약불로 속까지 익힌다. 그러면 노을을 두고 힘 겨루는 구름과 산처럼 고기와 기름도 지글지글 싸운다. 나는 귀찮은 건 딱 질색이지만, 먹을 때만은 부지런해진다. 귀찮은 만큼 음식이 맛있어진다고 생각하기 때문에 부지런히 움직인다. 어느 정도 익었다 싶으면 팬 밖에 꺼내 1분 정도 래스팅을 한다. 그동안 고기를 구웠던 팬에 김치를 올려 살살 볶아준다.

이렇게 고기와 볶은 김치가 완성되면, 먹기 전에 캔맥주를 한 입 들이켠다. 평소에 맥주를 즐겨 마시는 편은 아닌데 이럴 때는 시원하게 입맛을 돋우는 맥주가 정말 예술이다. 시원한 목 넘김과 짧은 탄성을 뒤로하고 윤기가 흐르는 고기를 한 점 입안으로 넣는다. 나도 모르게 새어 나오는 감탄과 행복감을 이루 말할 수 없다. 역시 캠핑엔 고기가 필수다. 고기를 다 넘기고 다시 맥주 한 입을 마시면 짧은 한숨과 함께 몸이 자연스럽게 뒤로 젖혀진다. 먹느라 정신이 팔려 잊고 있었던 해변의 풍경이 이번에는 귀로 들어온다. 적당한 바람과 시끄럽지 않은 소리들. 서울 어디에서도 들을 수 없던 것들이다.

식사를 마치니 어느새 노을은 사라졌고, 까만 밤하늘과 별들이 2부의 시작을 알린다. 먹은 것들을 대충 정리하고 와인을 꺼냈다. 저렴한 와인인데도 나와서 마시니 고급 와인을 마시는 착각이 든다. 어떤 술을 마시는지도 중요하지만 어디서 먹는지도 못지않게 중요한 것 같다. 한참을 멍하게 와인을 마시다 보면 자연스레 생각에 잠긴다. 멋진 풍경과 함께 맛있는 음식, 그리고 술을 먹고 나니 이상하게 나쁜 생각은 잠시 잊히고, 좋았던 기억들이나 앞으로 내가 살아가야 할 날들에 대한 긍정적인 생각만이 떠오른다. 배가 불러서 그런 걸까.

그러다 문득 스스로에 대한 미안함이 밀려온다. 지금과 같은 시간을 살면서 단 한 번도 가져보지 못했다. 모든 걸 멈추고 좋은 곳에서 좋은 것을 먹으며 나를 돌아보다가 긍정적인 생각으로 이어지는 이런 시간. 왜 여유가 없다는 핑계로 진작 해보지 않았던 걸까? 왜 내가 무엇을 좋아하는지에 대해 관심도 두지 않고, 이런 시간을 만들지 않았던 걸까? 자신에게 던진 질문에 바로 답할 순 없었다. 다음 캠핑에서는 답을 찾을 수 있지 않을까. 앞으로도 종종 캠핑을 할 것 같은 느낌이다.

술과 함께 찾아오는

오늘의 저녁 일정은 어김없이 혼술이다. 평소와 달리, 특별히 소주가 아닌 위스키를 꺼냈다. 위스키를 마실 때는 온더락 잔에 큰 얼음을 담고, 술을 얼음 아랫부분이 살짝 닿을 만큼만 부어 희석시키는 속도를 늦추면서 천천히 그 맛과 잔향을 느낀다. 안주는 생략한다. 오늘은 조금 지쳤는지 술 외에는 먹고 싶은 게 따로 없었다. 음악도 듣고 싶지 않아서 대신 창문을 활짝 열고, 바람 소리와 흔들리는 나무 소리를 음악 삼기로 했다. 얼음이 차츰 녹아 독한 위스키가 싱거워질 때쯤 다시 술을 따르고, 기분도 함께 차올랐다가 가라앉기를 몇 번 반복하다 보면 내 안에 있던 감정이 하나둘 모습을 드러낸다.

제법 자주 만나 이제는 친구 같은 외로움, 자주 볼 수는 없지만 잊힐 만하면 잠깐 모습을 드러내는 행복함, 모든 걸 다 포기하고 싶은 고비를 넘길 때마다 찾아오는 감사함. 하지만 오늘 내가 마주하는 감정은 미련과 슬픔이다. 차분하게 이 감정들과 마주하며, 애들이 뭐라고 하는지 들어본다. 미련이라는 놈은 나에게 '그때 조금 더 잘했더라면'이라고 속삭이고, 그 옆에 있는 슬픔이라는 놈은 더 이상 버티지 못하고 이 섬으로 도망쳐온 나를 비웃는다.

만약 내가 조금 더 잘했더라면, 내가 더 열심히 죽을 만큼 했더라면 오늘의 나는 다른 모습을 하고 있지 않았을까. 간절했던 음악 활동을 결코 끝내고 싶지 않았지만 내가 현명하지 못해서 간절함 따위는 소용없었던 걸까. 모든 게 내 탓인 것만 같은 기분이다. 제주로 도망쳐 올 게 아니라 정신 차리고 처음부터 다시 시작했어야 했나. 멤버들과 사람들은 모두 아무렇지 않은 듯 얄밉게 자기만의 길을 다시 걸어가고 있는데, 나 혼자만 약해 빠져서 비워내겠다는 핑계로 이 낯선 섬에서 아무것도 하지 않고 있는 게 아닐까. 이 고통의 그물은 거기서 벗어나려 발버둥 칠수록 나를 더 조여온다.

깊은 한숨을 눈치라도 챈 것일까 밖에서 개가 크게 짖어 내 귀에 울리던 감정들을 일순간 쫓아내 주었다. 매일 밤 시끄럽게 짖어서 마음에 들지 않았던 녀석이 오늘은 고맙게 느껴진다. 집에 계속 있다가는 감정들이 다시 찾아올 것을 알기에 외투를 챙겨 집 근처를 걷기로 했다. 아무도 없는 골목에 가로등만이 길을 비추고 있는 길을 따라 쭉 걷다 보면 파도 소리가 들리는 금모래해수욕장에 도착한다. 툭 치면 모든 게 내려앉을 것 같은 내 마음을 알 리가 없는 사람들은 저쪽에서 폭죽을 터트리며 야속하게 웃는다.

사람들을 피해 조금 더 걸으면 아무도 없는 해변이 나온다. 거기에 몸을 옮겨 벤치도 없는 모래사장에 털썩 누워 밤 하늘을 보았다. 서울에서는 볼 수 없는 맑은 하늘에 수많은 별들이 반짝이고 있다. 바닥에 깔려 있는 조개껍질이 날 찔러대지만 움직이기가 싫어 조금 아픈 것쯤은 무시하고 아무 생각 없이 잠시 하늘을 바라보았다. 한숨조차 나오지 않는다. 그냥 이대로 누워 잠들어버리고 싶다.

지겹도록 따라다니는 이 거지같은 감정에서 언제쯤 벗

어날 수 있을까. 이제는 그만할 때도 된 것 같은데, 나에게는 언제쯤 행복이 찾아올까. 내 마음을 아는지 모르는지 해맑게 빛나는 별을 보다가 무거운 몸을 다시 일으켜 아무도 없는 텅 빈 집으로 힘 없이 발걸음을 옮겼다.

숨기기를 그만한다면

군 생활을 6개월 정도 했을 때였나, 흰머리가 난 걸 알게 되었다. 힘든 군 생활 때문에 생긴 것인지 유전인지 알 수는 없지만 괜히 군대 탓을 해본다. 전역을 한 뒤로도 반년에 한 번씩은 새치 염색을 했는데, 요즘은 주기가 더 짧아져 3개월에 한 번씩 하는 듯하다. 머리카락이 짧을수록 머리에 하얗게 피어난 새치가 더 도드라져서 얼른 염색을 해야 창피한 흰머리를 감출 수 있다. 이렇게 자주 염색을 하다 보니 매번 미용실을 가기는 금전적으로 무리가 되어서, 이제는 가까운 약국이나 다이소에서 새치 염색약을 사서 집에서 셀프로 하는 편이다.

처음 혼자서 염색을 할 때는 서툴러서 염색약이 바닥이나 욕실에 묻었다. 이제는 능숙하게 염색약 안에 동봉된 비닐을 목에 두르고 머리카락에 염색약을 골고루 바른다. 염색약을 바르고는 15분에서 20분을 기다려야 하는데, 이 시간이 정말이지 애매하다. 염색약을 바르고 무언가를 할 수가 없기 때문이다. 나는 20분 남짓한 이 시간을 그저 멍하게 보내는 편이다. 알람을 맞춘 다음 의자에 앉아 창밖을 바라보다 짧은 생각에 잠기기도 한다.

주변에서는 내가 이렇게 자주 염색을 하는지 아무도 모른다. 흰머리는 내가 이상한 포인트에 부끄러워하는 몇 가지 중 하나다. 나이 들어 보이는 게 싫은 건지, 미용에 관심 없는 아저씨처럼 보일까 봐 그런 건지는 모르겠다. 어쨌든 새치가 조금이라도 보이면 바로 염색을 해버리기 때문에, 얘기하기 전까진 내게 새치가 있는지도 모를 사람이 대부분일 것이다.

새치가 보이기 전에 가려버리는 것처럼, 제주에 내려온 직후에는 또 다른 콤플렉스 같은 것이 있었다. 서울에서 가수 활동을 했던 것을 최대한 밝히지 않으려고 했다. 실패한 가수라고 생각해서 그런 건지, 음악 생활에 대한 이야기를 하고 싶지 않았다. 창피한 일도 아닌데 무엇을 그렇게 숨기고 싶었는지 모르겠다. 어디서 음악 이야기만 나오면 입 다물고 가만히 웃기만 하는 걸 스스로 몇 번이나 느꼈지만, 얼른 다른 생각을 하며 외면했다. 그래서 여기 와서 새로 알게 된 사람들은 내가 음악을 하는 사람인지 전혀 눈치채지 못했다.

'언제부터 내가 노래를 했던 게 콤플렉스가 되었을까'라는 생각에 한편으론 속상했지만, 내성이 생겼는지 종종 아무렇지 않은 척 웃고 있는 내 모습을 발견하기도 했다. 정말 괜찮아서 웃는 걸까. 과연 나는 계속 괜찮을까. 아무렇지 않게 웃는 얼굴 속에서는 쓰린 침을 삼켰다. 여전히 조금이라도 새치가 보이면 바로 염색을 한다. 하도 많이 해서 이제는 제법 능숙하다.

어느 날은 문득 그런 생각이 들었다. 내가 이 새치를 누구에게 보이고 싶지 않아서 이렇게 가리려고 애쓰는 걸까. 누가 흰머리가 있다고 하면 그냥 새치가 난다고 얘기하면 되지 않나? 사람들은 그런가 보다 하고 넘길 것들을 왜 나는 크게 생각해서 스스로를 피곤하게 만드는 걸까. 어떻게 보면 별것도 아닌 것을 어떻게든 숨기려고 하는 내 모습이 우습고 바보 같다.

이제는 스스로를 마주하고 솔직하게 인정하고, 또 사랑해 줘야겠다. 그런 시간들이 지나면 언젠가 다른 사람들의 사랑을 받을 마음의 준비도 되지 않을까? 여기 제주에서만큼은 사람들에게 내가 보이고 싶은 모습이 아닌 나 자신을 보여주고 싶다.

생각은 바늘에 걸어 바다로 던져버리자

에어컨이 고장 났다. 그 뒤로 만나는 사람들이 왜 이렇게 기운이 없어 보이냐, 넋이 나가 보인다는 이야기를 했다. 그렇게 티가 날 정도로 나는 습하고 더운 것에 약하다. 집에서는 창문을 전부 열어 둔 채 땀이 나면 샤워를 하고 잠시 시원해진 상태로 선풍기 앞에 앉아 있다가 더워지면 다시 샤워하기를 반복했다. 에어컨이 있어도 절약한다고 틀지 않고 어느 정도 더위는 등목으로 해결하던 어린 시절이 떠오를 지경이다. 얼른 해가 져서 바람이 조금이라도 더 시원해지길 바라며 일단 누웠다.

해야 할 일이 잔뜩 쌓여 있었지만 아무것도 하지 못하

는 채로 시간이 흐른다. 돌아다니는 차 소리가 줄고 귀뚜라미 소리가 들리기 시작하니 드디어 바람이 조금씩 선선해진다. 이제야 살 것 같다. 낮엔 도저히 입을 수가 없었던 티셔츠를 다시 입었다. 더위에 사라졌던 입맛이 돌아와 저녁을 간단히 챙겨 먹는다. 밥 먹고 바로 누우면 소가 된다고 누가 그랬던가? 그럼 나는 소가 되어야겠다고 혼잣말을 중얼거리며 선풍기 앞에 다시 눕는다. 후끈한 더위가 가고 배부르고 시원한 저녁이 오니 행복하다. 지금 이 기분이라면 소가 되는 것도 나쁘지 않은 것 같다.

이제 정신을 좀 차렸으니 미뤄왔던 일을 시작한다. 그런데 낮에 에너지를 다 뺏긴 건지, 한 시간 정도 일을 하니 다시 방전되어 머리가 돌아가지 않았다. 일을 얼마 하지도 않았는데 잠깐 쉬려 선풍기 앞에 또 누웠다. 가만 생각해 보면 소가 맞는 것 같다. 집중도 되질 않고, 머리도 돌아가지 않으니 산책이라도 해야겠다. 집 밖으로 나서려는데, 혼자 낚시를 하려고 사뒀던 낚싯대가 문득 눈에 띄었다. 두 번 정도 사용했었나? 냉동실을 보니 전에 얼려 둔 미끼가 있다. 미끼와 낚시 용품을 집어 들고 근처 바닷가를 향했다. 밤거리는 어두컴컴하고 귀뚜라미와 개구리 소리만

이 가득하다.

도착한 작은 부두. 조명 하나 없이 작은 보트들만 몇 정박해 있다. 어둡지만 그래도 어느 정도 실루엣은 보이니 여기로 자리를 정하고 짐들을 내려놓았다. 당연히 주변엔 아무도 없고 밤 하늘엔 별이 수천 개 박혀 있다. 달빛을 조명 삼아 미끼를 연결하고, 무심하게 낚싯대를 던진 뒤 앉는다. 애초에 물고기를 잡을 생각은 없다. 그냥 뭐라도 하면서 앉아 있고 싶었던 것이다. 음악을 틀고 보이지 않는 찌를 바라보며 멍하게 앉아 있는다. 이러고 있으면 아무 생각도 들지 않는다.

낚시가 이래서 좋다. 생각이 너무 많아 아무것도 정리가 되지 않을 땐 이렇게 밤바다를 보면서 욕심 없이 미끼를 던져 놓고 앉아 있는 게 꽤나 좋은 방법인 듯하다. 달빛과 낚싯배들 조명만 빛나고 나머지는 캄캄한 가운데, 보이지 않는 파도가 부딪히는 소리를 듣는다. 생각이 너무 많을 땐 바늘에 걸어 잠시 밤바다로 던져보자. 뭐든 걸려서 입질이 올 것만 같다.

2

비우고 나서야 보이는 것들

Lento
천천히 스며드는 것들

커피 향기, 노을, 그리고 여유

제주도에 내려온 뒤에 가장 먼저 시작한 일은 바리스타다. 내겐 굉장히 친숙한 직업이다. 고등학교 1학년 때 처음 해보고 군 전역 후 대학 입시 준비할 때, 학교를 다닐 때부터 최근까지도 했으니 경력이 10년이 넘는다. 그러니 사실 음악을 제외하고 내가 할 수 있는 일은 커피를 만드는 일뿐이라고 할 수 있다. 제주도에서 일을 구할 때에도 카페 일부터 찾아보았다. 다행히 안덕면에 이제 막 오픈하는 카페에 매니저로 입사하게 되었다.

나의 일터인 이 카페는 전망대를 리모델링 해서 만든 곳이라 그런지, 경치가 너무나 멋지다. 층수는 4층인데 높이가 아파트 10층 정도로 높아서 멀리 한라산까지 보인다. 한쪽에는 울창한 나무숲 너머 바다까지 보이고, 다른 쪽에는 녹차밭이 넓게 펼쳐져 있다. 새들이 시선보다 아래에 날고 있어 공중에 떠 있는 것처럼 느껴지기도 한다. 전망만이 아니라 출근하는 길목도 마치 한 편의 뮤직비디오 같다. 들어서는 길 양옆에 서 있는 푸른 나무들은 출근길을 에스코트해 주는 것 같다. 거기에 하늘에 떠 있는 해가 내비게이션처럼 앞장서 가는 카페로의 출근길. 세상의 수만 가지 출근길 중에서는 가장 멋진 편이 아닐까.

아침에 도착하면 가장 먼저 원두부터 체크한다. 이 카페는 블렌딩된 두 가지의 원두를 또 섞은 다음 디개싱 한다. 이때 각각의 원두 로스팅 일자를 잘 맞춰야 할 뿐만 아니라 각각 다른 컨디션으로 로스팅 된 원두 상태를 잘 체크해서 블렌딩해야 한다. 그러니 원두 체크는 맛있는 커피를 만들기 위해서 가장 먼저 해야 하는 중요한 업무다. 원두 확인을 마쳤으면 커피 머신을 점검하고, 그라인더의 원두 분쇄 양과 크기를 세팅한 뒤 테스트용 에스프레소를 추출한다. 이 모든 과정을 거쳐야 손님들에게 판매할 수 있다. 이 일련의 작업은 그날의 날씨나 카페 내부의 환경에도 영향을 받기 때문에 제법 까다롭게 체크한다.

그렇게 오픈 준비를 마치면 시원한 커피를 한 잔 내려놓고 좋아하는 음악을 틀고 창밖에 앉아 여유를 가지는 걸 좋아한다. 오픈 전 아무도 없는 카페. 마치 내가 카페를 통째로 빌린 것 같은 느낌도 든다. 커피를 한 모금 마시면 코로 새어 나오는 구수한 향과 저 멀리 보이는 산방산과 바다 덕에 눈과 코가 즐겁다. 하지만 여유는 잠시뿐. 오픈한 지 30분만 지나면 손님들이 몰려와 여유롭던 풍경은 뒤로하고 일하기 바쁘다.

정신없는 와중에도 일할 때 한 가지 습관이 있다. 손님들의 표정을 관찰하는 것이다. 맛있게 먹는지 아닌지 뿐만 아니라 어떤 감정인지, 어떤 마음인지 혼자서 유추해 보곤 한다. 서울에서는 오피스 상권에 있는 곳에서 일을 해서 사람들이 주로 졸음을 쫓기 위해, 피로를 잠시나마 잊기 위해 커피를 마시러 오는 것 같았다. 반면 제주 손님들은 꽤 행복해 보인다. 물론 여행을 왔기 때문에 그럴 것이다. 그래도 엷게 미소 띤 얼굴들을 보고 있으면 바쁜 와중에 나에게도 조금의 여유가 찾아오는 듯하다.

바쁜 게 끝나고 한숨 돌리면 시간은 어느덧 오후 다섯 시. 겨울이라 해가 어느 정도 저물어 가는 시간이다. 여긴 전망이 좋아서 노을 지는 광경이 정말 아름답다. 산과 바다 위에 놓인 노을은 꼭 예쁜 접시에 멋지게 플레이팅 된 디저트 같기도 하다. 그렇게 노을을 보고 있으면 아침에 커피 한 잔과 함께 풍경을 볼 때와는 다른 여유가 찾아온다. 몸은 힘들지만, 마음은 가볍고 머리는 맑다. 오늘 보았던 손님들의 표정이 나에게도 그제야 찾아오는 듯하다.

커피 향의 여유는 같은 듯 다른 모습이다. 바빴던 기억은 빼 버리고 오전의 여유와 오후의 여유를 갈아 만든 커피를 포장하고, 예쁘게 담긴 노을 디저트를 눈에 가득 담고 퇴근한다. 이른 저녁의 노을과 나무들에게 에스코트를 받으며 이제는 편안해진 나의 집으로 향한다.

알람이 필요 없는 아침

서울의 아침은 시끄러운 알람 소리에 화들짝 놀라며 시작한다. 조금이라도 더 자기 위해 빠듯하게 맞춘 기상 시각, 기분 나쁘게 잠에서 깨면 정신을 차릴 틈도 없이 준비해서 일단 밖으로 나가기 바쁘다. 허투루 시간을 쓰면 안 될 것만 같은 바쁜 하루 일과는 지하철을 향하며 시작된다. 지하철 안에는 나 같은 사람들이 많이 있다. 부족한 수면량을 채우기 위해 잠을 청하는 사람도 있고, 이동하는 시간이 아까워 그 시간에 공부를 하거나 신문을 보는 사람들도 있다. 나도 그날 연습해야 할 음악을 들으면서 이동한다. 도착 시간에 딱 맞춰 지하철에서 내리면 그때부터 목적지까지는 항상 빠른 걸음으로 다니기에 주변을 돌아볼 겨를

이 없다.

제주에 와서 가장 달라진 게 무엇인지 물어본다면 나는 매일 아침에 눈을 뜨는 순간이라고 얘기하고 싶다. 제주에서의 아침은 서울과 정반대다. 처음엔 서울에서 그랬던 것처럼 알람을 맞춰 놓았다. 그런데 항상 그보다 일찍 일어나서 알람이 필요가 없어졌다. 창문 커튼 사이로 살랑거리며 들어오는 바람과 재잘거리는 새소리에 눈이 사르르 떠지기 때문이다. 그게 내가 지금 살고 있는 제주의 알람이다.

기분 좋게 눈을 뜨면 잠시 바람을 느껴본다. 덮고 있던 이불을 온몸으로 안으며 포근함을 느끼다 오늘은 무얼 해야 하는지 찬찬히 생각하며 몸을 일으킨다. 여유롭게 거실로 나가 커피 내릴 따뜻한 물을 올려놓고, 창밖을 보며 오늘의 날씨를 확인한다. 그렇게 커피 한 잔을 마시고, 오늘 일정에 대해 다시 한번 여유로이 정리하고 하루를 시작한다. 물론 서울에서보다 제주의 일정이 훨씬 여유롭기 때문에 가능한 일이다.

아침이 달라지니 하루를 대하는 나의 태도 또한 바뀌었다. 서울에서의 하루는 마치 러닝머신을 타고 빠르게 제자리 뛰기를 하는 느낌이었다. 반면 제주에서의 하루는 산과 바다가 눈앞에 펼쳐진 주변을 천천히 걷는 산책과도 같다. 한 가지 목표만 바라보고 정신없이 뛰던 나의 삶은 숨이 차면 근처 벤치에 앉아 쉬기도 하고, 주변을 돌아보며 감상도 하는 생활로 변했다. 어떤 생활이 미래의 나에게 더 좋은 결과를 가져올지, 혹은 어떤 변화를 가져올지는 모르겠다. 하지만 나에게 필요한 건 지금과 같은 아침으로 여는 하루인 것 같다.

전과 달리 이제는 확실하게 안다. 내가 가야 하는 목적지가 어쩌면 바로 근처에 있을 수도 있다는 것이다. 정확히 어떤 욕심이었는지도 모르겠지만, 저 멀리에 있는 목표에 도달해야 한다는 마음은 서울 생활을 더 조급하게 만들었다. 이제야 조금은 가벼운 마음으로 살아갈 수 있을 것 같다. 앞만 보고 달리는 게 아니라, 가까이를 돌아보고 작은 행복을 발견하며 사는 것이야말로 내가 가야 할 목적지, 삶의 지향점인지도 모르니까 말이다.

내게는 완벽한 무계획

밤이 되면 으슬으슬 추워서 외투를 단단히 여미는 날들이 지나, 이제 밤에도 쌀쌀함이 사라졌다. 낮엔 반팔을 입을까 고민하게 되는 더운 날씨. 여름이 오려나 보다. 슬슬 에어컨을 켜야 될 테니 필터 청소를 하기로 했다. 필터는 깨끗하게 씻어서 쨍쨍 내리쬐는 햇볕에 말려 두면 금세 바싹 마른다. 깨끗해진 필터를 다시 조립해서 끼우고 더운 날씨를 잊기 위해 전원을 켰는데, 온몸이 오싹해졌다. 에어컨의 시원한 바람에 등골이 서늘해야 하는데, 에어컨에서 더운 바람이 나왔기 때문이다.

깜짝 놀라 확인한 리모컨에는 냉방 18도라고 떠 있었지만 찬 바람은 나오지 않았다. 리모컨 버튼을 이것저것 눌러봐도 나오는 건 여전히 뜨끈한 바람. 주말이라 서비스센터는 전화를 받지 않았고, 더위를 많이 타는 나는 큰 한숨과 함께 고개를 떨구었다. 다행히 아직 푹푹 찌는 날씨는 아니어서 집에 있는 모든 창문을 열어두고 아무것도 하지 않은 채 맞바람을 느끼며 누워서 주말을 보냈다.

월요일 아침 아홉 시가 되자마자 서비스 센터에 전화를 걸었다. 상담원이 연결되기까지도 상당한 인내심이 필요했다. 10분 정도 지나 겨우 연결된 상담원과의 통화. 증상을 이것저것 이야기하니 자세한 수리는 직원이 방문해야 알 수 있다며 예약 날짜를 잡아주겠다고 했다. 아무 시간대나 상관없으니 가장 빠른 시간으로 부탁한다는 이야기에 상담원은 죄송하게도 가장 빠른 방문은 14일이나 지나야 가능하다고 답했다. 가슴이 철렁하고 순식간에 온갖 생각이 스쳤다. 하 바보같이 여름이 다 되어서야 작동이 잘 되는지 확인을 하다니. 방문까지 거의 보름이나 걸리는 것을 보면 나와 비슷한 사람들이 많은가 보다. 두 달 같은 2주가 되겠지만, 뭐 어쩔 수 있나.

혹시나 취소가 되면 언제든 방문 시간 변경도 가능하다는 말을 전하고 전화를 끊었다. 이제 큰일이다. 어떻게 수많은 밤을 보내야 할지, 낮에는 출근을 하니 괜찮지만 퇴근하고 집에 들어온 이후부터는 어떻게 해야 할지 아무런 생각이 나질 않는다. 나는 조금만 더워도 에어컨을 틀어버리기 때문에 집에 선풍기가 없다. 급한 대로 사용한 지 오래돼 방전된 미니 선풍기를 꺼내 일단 충전기에 연결했다.

아니나 다를까, 다음 날 퇴근하고 집 문을 열었더니 푹푹 찌는 공기가 느껴진다. 서둘러 집 안에 모든 창문을 열어 두고 편의점으로 향했다. 도착한 가게 안이 시원해서 집으로 가기 싫었지만, 시원한 얼음과 캔맥주 네 캔을 사 들고 집으로 돌아갔다. 더운 공기는 여전해서, 더위를 잊기 위해 일단 샤워부터 했다. 샤워를 하고 시원하게 캔맥주를 마시니 더위가 잠시 사라진다. 다행히 제주도는 바람이 많이 불어서 해가 지고 난 후에 방 안으로 들어오는 바람은 더위를 견딜 수 있게 도와준다.

비가 오지 않는 이상 아침이든 밤이든 집 창문은 항상 열려 있다. 그렇게 며칠을 생활해도 더위는 적응이 안 되었지만, 해가 지고 저녁 여덟 시나 아홉 시쯤이 되면 조금 시원한 바람이 들어왔다. 그 시간이 너무 반갑고 좋았다. 나는 그 바람을 기다렸다가 서둘러 냉장고에 다가가 얼기 직전까지 차가워진 캔맥주를 꺼내 벌컥벌컥 마신다. "크!" 짧은 탄성을 내고 난 다음에는 움직이면 더우니까 아무 소리도 내지 않고 가만있는다.

그렇게 시간을 보내다 보면 창밖으로 사람들이 산책하며 이야기하는 소리들이 새어 들어온다. 티격태격하며 집으로 향하는 부부, 통화하며 강아지 산책을 시키는 사람, 말은 없지만 취해서 터벅터벅 발소리를 내는 사람까지. 나는 조용히 누워서 바람과 함께 들어오는 삶의 진솔한 소리들을 있는 그대로 받아들인다. 도로 한복판에 있던 예전 서울 집에서 들려오는 시끄럽고 복잡한 소리와는 정반대다. 어딘가 차분해지는 느낌이다.

영화 〈기생충〉에 나오는 대사 중에 인상 깊던 것이 있다. '가장 완벽한 계획은 무계획이다.' 나 역시 에어컨 수리가 될 때까지 별다른 뾰족한 계획은 없다. 아무것도 하지 않고 가만히 소리 내지 않는 게 내 계획이다. 내가 생각하는 가장 완벽한 계획. 때로는 이렇게 예상치 못한 상황이 버겁기도 하지만, 그 속에서 느끼는 어떤 것들은 반갑게도 날 새로운 세상으로 데려다준다. 더운 건 여전히 싫지만, 아무것도 할 수 없을 때 무엇도 하지 않으니 새로운 것이 보이기 시작한다. 이 또한 나쁘지 않다. 에어컨이 고쳐져도 이젠 어느 정도 더위는 자연스레 부는 바람에 맡겨보려 한다.

손절했던 친구를 다시 만나다

어느덧 1년이라는 시간을 제주에서 아무렇지 않은 척 지내왔다. 어지럽고 복잡한 마음과 생활 패턴이 서서히 안정적으로 바뀌었고, 날 힘들게 했던 것들은 어느 정도 사라진 상태다. 모든 게 전보다 평화롭고 여유로워졌지만, 마음 한편엔 음악에 대한 미련이 남아 있었다. 회사에서 만들어주는 음악에 맞춰 노래하는 것이 아니라 내가 전하고자 하는 메시지에 대한 곡을 쓰고 노래하는 음악 생활을 해본 적은 없었기 때문인 것 같다.

그렇다고 해도 막상 다시 시작하려는 마음을 먹기란 쉽지 않은 일이었다. 애써 이런 자신을 외면하며 평소와 같은 하루들을 보내고 있는데, 대학 시절부터 친하게 지냈던 기타리스트 동생 우영이와 우연히 연락이 닿았다. 군 생활 중이던 우영이가 휴가를 나와 제주도로 왔고, 우리는 오랜만에 많은 대화를 나누었다. 우리는 공통점이 참 많다. 음악 취향도 비슷하고, 하고 싶은 음악도 비슷하고, 그리고 둘 다 술을 너무 좋아한다.

하루는 우영이를 만나러 창원시 진해구로 면회를 갔다. 우연히도 내가 군 생활을 했던 곳과 같은 곳이라서 옛 생각으로 가득한 채 부대를 찾아갔다. 면회를 신청하고 외출을 나온 우영이와 함께 우리는 창원 시내로 향했다. 그곳의 어느 횟집에 들어가서 한 상 근사하게 차려진 음식들을 술과 함께 곁들이며 이런저런 이야기를 나누었다. 서로의 근황이며, 앞으로 어떻게 살아가야 하는지에 대한 이야기, 아주 사소한 고민부터 큰 걱정거리까지…. 그러다 보니 음악 이야기는 빠질 수가 없었다.

사실 내가 우영이에게 면회를 간 이유는 따로 있었다. 함께 음악을 해보자는 제안을 하기 위해서다. 내가 전하고 싶고, 만들고 싶은 음악 스타일을 이 친구와 만들면 좋은 시너지가 나올 것 같았다. 곧바로 대답을 들을 생각은 아니었고, 있는 그대로의 내 상황과 내가 하고자 하는 것들에 대해 먼저 자세히 이야기했다. 우영이가 전역하려면 아직 시간이 조금 남은 상태이고, 군 생활이 끝난 후에 제주도로 오는 게 쉬운 결정은 아니기 때문에 시간을 두고 생각해 보기로 했다.

그 뒤로 자주는 아니지만 종종 연락하며 지내다가, 우리는 우영이의 다음 휴가 때 다시 만났다. 그동안 각자 생각했던 것들에 대해 이야기를 나누는데, 이때 우영이가 해준 대답이 내게는 놀라웠다. 음악 하는 동료들과 군악대로 복무하면서 자신도 나와 같은 고민을 하고 있다는 것이었다. 그리고 내 제안이 자기도 좋다며, 먼저 함께 작업을 해 보고 결정하는 게 어떻겠냐고 역으로 제안했다. 그러고 나서 우리는 두세 곡을 함께 작업했다. 한 명이 군 생활을 하고 있는 터라 작업 속도는 무척이나 더뎠지만 나는 이 시간이 굉장히 좋았다. 내가 원하는 음악에 조금씩 다가가는 게 너무 행복했다.

시간이 흘러 어느덧 우영이의 전역이 얼마 남지 않은

시점이 다가왔다. 이제는 결정을 해야 하는 시기가 된 것이다. 휴가 때 우영이가 제주로 와서 우리는 함께 만들어 갈 팀과 음악에 대해 이야기했다. 이 친구는 이미 어느 정도 마음을 정하고 온 듯했다. 전역 후에 잠시 고향에 들러 이것저것을 정리하고 난 후에 제주도로 오겠다고 했다. 내려와서 당분간은 함께 같이 살면서 앨범 발매를 위한 곡 작업을 함께 시작해 보기로 했다. '무드트리'라는 팀은 이렇게 결성되었다.

무드트리는 여러 무드가 열매를 맺는 나무라는 뜻으로 지은 이름이다. 우리가 활동하는 제주의 분위기를 담은 팀명이다. 우리는 6개월 동안 함께 살며 여러 곡들을 만들고, 검토하면서 전보다 더 디테일한 작업들을 함께 했다. 그리고 2021년 1월 26일 '사실 오늘'이라는 곡으로 첫 활동을 시작했다. 데뷔 앨범 작업을 할 때는 과정에 대해서도, 결과에 대해서도 너무 행복했다. 누군가가 만들어 준 곡에 내 목소리를 얹는 것도 좋지만, 내가 쓴 곡을 내가 부른다는 사실은 흥분될 정도로 좋았다.

이렇게 나온 곡들이 사람들에게 조금씩 알려져 널리 사

랑받게 된다면 얼마나 벅찬 행복이 올까. 서울에서보다 작업환경은 좋지 않았지만 지금까지 했던 어떤 작업보다 즐거웠다. 결국 나는 음악을 할 수밖에 없는 사람이라는 생각이 들었다. 그 사실을 인정하기로 했다. 인간은 같은 실수를 반복한다 했던가, 평생 만나지 않을 것처럼 도망친 음악을 내 발로 직접 다시 찾다니…. 나의 두 번째 음악 생활은 이렇게 시작되었다.

과열되었기에 차가운 게 필요했던 걸까

아침에 일어나 커피 한 잔을 마시는 일은 나의 어떤 경력보다도 오래된 것이다. 소위 '얼죽아'인 나는 무더운 여름에도, 눈 덮인 겨울에도 아이스 아메리카노를 즐겨 마신다. 특히나 카페에서 일할 때는 커피를 물 대신 하루 서너 잔은 마셨다. 차가운 커피는 따뜻한 커피에 비해 향도 진하지 않고, 홀짝 몇 모금 마시면 금세 사라진다. 이런 커피는 피곤함에 찌든 서울 생활에 바삐 카페인을 채우는 컨디션 생명수와 같았다. 가끔은 커피를 너무 많이 마셔서 늦은 밤까지 잠들지 못하기도 했지만, 어김없이 다음 날 눈을 뜨자마자 커피부터 찾는 일상이 바보같이 반복되었다.

제주에 와서도 변함없는 커피 취향으로 살아가던 어느 봄. 호감 가는 한 여성을 만났다. 갈색 단발머리에 웃는 모습이 사랑스럽고 매력 있는 사람이다. 그녀는 매일 커피한 잔을 꼭 마셔야 한다고 했다. 하지만 피로를 떨쳐내기 위해 차가운 커피를 얼른 마셔버리는 나와는 반대로 따뜻한 커피를 천천히 마시는 걸 좋아한다고 했다. 함께 카페를 가면 그녀는 따뜻한 커피, 나는 차가운 커피를 주문하는데 내 커피잔만 금세 바닥을 보이곤 했다. 얼음밖에 남지 않은 차가운 유리잔이 따뜻한 머그잔을 재촉하는 듯 보일까 봐 어떨 때는 아이스커피를 천천히 마실 때도 있었다. 심지어 그녀는 종종 커피를 남기기도 했다. 나와는 너무 다른 부분이라, 오늘 커피를 많이 마셨느냐고 물어보면 그녀는 아무렇지 않은 듯 오늘 첫 잔이라고 답했다.

언젠가의 카페 데이트에서 그녀와 속도를 맞추기 위해 나도 따뜻한 커피를 주문해 보았다. 머그잔에 진한 크레마가 떠있고 연기가 모락모락 나는 아메리카노는 빨리 마실 수가 없다. 그런데 웬걸, 뜨거운 커피를 받아 들고 얼른 식으라고 호호 불고 있는 내 모습을 발견했다. 이럴 거면 왜 따뜻한 커피를 시켰는지 모르겠지만, 어찌 됐건 천천히 마시며 우리는 서로에 대한 이야기를 나누었다. 호호 불며 마시는 커피였지만 평소 찬 커피를 꿀꺽꿀꺽 들이켤 때보다 훨씬 여유로운 시간을 주었다. 그녀는 빠르지도 느리지도 않은 여유 있고 차분한 목소리와 말투로 나까지 덩달아 편안하게 만들어 주었다. 10분을 넘지 못하던 급한 나의 커피 타임은 그녀 때문인지 따뜻한 커피 때문인지 모르겠지만 한 시간이 되어도 지겹지 않고 은은하게 흘러갔다.

그녀의 영향 때문일까 그 이후로 나는 혼자서도 종종 따뜻한 커피를 마셨다. 서울에서는 차가운 것만 고집했는데, 따뜻한 커피를 마시니 하루에 마시는 카페인 양도 조절되어서 잠 못 드는 밤도 전보다 줄었다. 천천히 커피를 마시며 주변을 돌아보고, 놓쳤던 생각을 하게 되는 건 더욱 좋다. 당연하게 생각했던 취향이 조금씩 바뀌어 간다. 만약 제주로 오지 않고 계속 서울 생활을 했더라면 나는 어떠한 하루를 살아가고 있었을까? 여전히 찬 커피를 들이켜고 있었을까? 따뜻한 커피를 마시는 이유를 알 수 있었을까?

여태 머리도 마음도 과열되어 있어서 아이스 아메리카

노만 마셨던 건 아닐까. 차가웠던 취향이 조금씩 따뜻해지니 새삼 '커피 한 잔의 여유'가 느껴진다. 수없이 많은 커피를 만들어왔지만 정작 느껴보지 못했던 것들을 그녀와 제주가 알려주었다.

최고의 공연

무드트리로 앨범을 발매하긴 했지만 상황이 좋지 않았다. 코로나19로 인해 전국의 행사와 공연이 모두 취소되었고, 많은 뮤지션들이 무대를 잃었다. 이런 시기에 우리라고 다를까. 공연과 무대가 끊기고 사라졌다. 할 수 있는 게 SNS나 온라인 플랫폼에 노래 영상을 올리는 것 말고는 딱히 없었다. 그런 시간이 어느 정도 흘렀을까, 조금씩 분위기가 원래대로 돌아오는 것 같더니 공연들이 생기기 시작했다. 이 상황에서 많지는 않지만 이곳저곳에서 감사하게 우리를 찾아 주는 분들이 계셨다. 감사함을 담아 언제나 최선을 다해 무대에 올랐다. 관객이 얼마나 있던지 그건 중요하지 않다. 단 한 사람의 관객이라도 있으면 된다. 오랜

만에 서는 무대가 선물과 같았기 때문이다.

　그렇게 감사한 시간을 보내던 어느 날 한 섭외 연락을 받았다. 제주시 조천읍에 위치한 제주돌문화공원에서 열리는 '힐링 스톤즈'라는 공연이었다. 우리가 제주도에 와서 팀으로 서는 가장 큰 행사였다. 출연진으로 지금까지도 왕성하게 활동하는 인기 많은 가수들이 함께 했고, 우리는 총 네 팀의 가수 중 두 번째로 무대에 오르게 되었다. 설레는 마음을 가득 안고 돌문화공원으로 향했다. 흐린 날씨에 안개도 많이 껴서 앞이 잘 보이지 않는 상황에 리허설을 진행했다. 이때까지만 해도 사람들이 많이 오지는 않겠다 싶었는데, 막상 내려오니 입장을 기다리는 관객 수가 상당했다. 갑자기 설레는 건지 떨리는 건지 심장이 쿵쾅거리기 시작했다.

　두 번째 순서라서 첫 번째 순서가 끝나갈 무렵 무대 옆에 스탠바이로 대기했다. 떨림은 이때 가장 극대화되는데, 그 느낌은 말로 설명하기가 힘들다. 관객들의 표정이 보이고, 머릿속에 아무 생각이 들지 않는다. 드디어 우리 차례, 무대에 올랐다. 인사를 하고 관객과 주변 풍경을 쭉 보았다. 아이들과 함께 온 가족들, 연애를 시작한 지 얼마 되지 않은 것처럼 보이는 풋풋한 커플 등 대략 700명 정도는 될 것 같은 사람들이 관객석을 가득 채우고 있었다.

음악이 시작되고 한 곡, 두 곡, 노래를 부를수록 분위기가 달아올랐다. 관객들은 아마 우리보다 유명한 가수를 보러 행사에 왔겠지만, 우리 음악을 잘 들었다는 말을 박수와 환호성으로 대신해 주었다. 서서히 긴장이 풀려서 우리는 어느새 무대를 즐기고 있었다. 나중에 공연 영상을 모니터 하니, 내 입이 귀에 걸려 있는 듯했다. 약 20분 정도의 공연이 성공적으로 끝이 났고, 감사한 마음을 담아 인사를 하고서 대기실로 돌아왔다. 그리고 누가 먼저랄 것 없이 우리는 벅차오르는 감정을 공유했다.

우영이와 나는 큰 무대를 서본 적이 없는 사람들이 아니다. 그런데도 이날 특히 벅차올랐던 건 무엇보다도 우리가 만든 노래가 사람들에게 환호를 받고, 박수를 받았다는 사실 때문인 것 같다. 같은 행복을 느끼고 그 순간을 함께하는 동료가 있다는 건 얼마나 좋은 일인가. 음악을 하면서 처음으로 행복했던 순간이 아니었나 싶다.

최악의 공연

공연장마다 환경은 천차만별이다. 어떤 곳은 훌륭한 오퍼레이터의 실력에 선명한 모니터 사운드와 메인 스피커로 나가는 아웃풋 사운드까지 완벽한데, 또 어떤 무대에서는 오퍼레이터도 없이 셀프로 사운드를 잡아가며 노래하는 경우도 많다. 이런 곳은 행사장 무대가 버스킹과 비슷한 환경이라고 보면 된다. 매번 좋은 환경에서만 연주할 수는 없다는 건 뮤지션이라면 누구나 아는 사실이다.

하지만 환경과 상관없이 정말 중요한 것은 함께하는 관계자들과 그들이 만드는 분위기다. 최악의 환경이라도, 같이 무대를 완성해가는 아티스트와 관계자들만 좋다면 오히려 그게 더 좋은 경험으로 남기도 하니 말이다. 반대로 좋은 장비와 훌륭한 오퍼레이터가 있어도 분위기와 사람이 별로면 최악으로 기억되곤 한다.

제주에서 활동하면서 지금까지도 잊히지 않는 최악의 무대가 있었다. 현장 공연이 아니라 녹화방송이었던 이날 무대는 서귀포시 중문에 위치한 어느 산속에서 진행되었다. 장소에 도착하고서 우리는 악기를 챙겨 컨트롤 부스로 가서 관계자분들에게 인사하고, 무대 앞에 마련된 의자에 앉아 대기하고 있었다. 여름이 코앞으로 다가온 계절, 더운 낮 촬영은 누구에게나 힘든 일이었다. 그런데 이날 숨이 턱턱 막혔던 건 날씨 때문만은 아니었다. 아티스트의 무대가 끝날 때마다 진행자가 나와서 다음 아티스트를 소개하고 멘트를 하는데, 총감독이 계속 컷 하면서 그를 다그쳤던 것이다.

오른손엔 마이크, 왼손엔 얼굴처럼 빨갛게 달아오른 담배를 쥔 감독. 입에선 연기가 나오는 건지 욕이 나오는 건지 헷갈릴 정도의 불편한 언행이 계속되었다. 감독의 컷과 짜증이 반복되자 현장의 공기는 순식간에 차가워졌다. 스템들의 표정이 좋지 않았고, 그 분위기는 무대에 오를 우리에게도 고스란히 전해졌다. 불편함과 긴장감이 동시에 다가왔다.

이 상황에 올라선 무대에는 정말 집중하기가 어려웠다. 사전에 전달받지 못한 무대 효과에 깜짝 놀라길 몇 번이나 했을까. 겨우 무대를 마치고 내려왔을 땐 불쾌함만이 남아있었다. 최대한 우리 감정을 숨긴 채 인사를 하고 서둘러 공연장을 빠져나왔다. 이런 무대가 많지는 않다. 그렇지만 열 번 공연을 하면 그중 한 번은 이와 비슷한 느낌의 공연을 했던 것 같다.

최악의 무대는 아니지만 또 다른 불쾌한 에피소드가 있다. 행사와 같은 공연은 아니지만 우연한 계기로 안덕면에 위치한 식당, 펍, 스테이가 함께 있는 공간에서의 버스킹 공연을 제안받았다. 우리는 흔쾌히 승낙했고, 그곳 대표에게 오디션을 봐야 한다기에 약속된 시간에 연주를 하러 갔다. 그런데 막상 가서는 오디션이라기보다는 일대일 면접 같은 분위기. 거기에 약간의 갑질을 섞은 듯한 대표의 언행에서 뭔지 모를 불편함을 느꼈다.

일단 연주를 했다. 그런데 노래가 끝난 뒤 더 충격적인 이야기를 듣게 되었다. 이곳 공연은 페이가 없다는 것이다. 무대가 많이 없는데 노래할 수 있는 무대를 만들어 주는 것만으로 충분하지 않냐는 말에 1차로 충격, 팁이 많이 나오니 알아서 팁을 챙기면서 노래하라는 말에 2차 충격을 받았다. 요즘도 이런 사람이 있다니 정말이지 놀라웠고, 대우받지 못하는 곳에서 연주를 한다면 그 이후의 상황은 안 봐도 뻔하기에 거절을 마음속에 담고 자리를 마무리했다.

상한 기분을 뒤로하고 나오는데, "어이!" 그 대표가 나를 불러 세운다. '이곳은 내가 다시 올 곳이 아니구나' 생각하는 찰나에 이어진 더 어이없는 이야기에 그저 웃음이 나왔다. 자기 식당의 손님이 술을 마셔 운전을 못하니 숙소까지 내 차로 바래다 달라는 것이다. 부탁도 아닌 당연한 말투에 정신이 혼미해졌다. 대표의 당당한 명령조의 말 때문인지, 영문을 모르는 관광객 커플이 당연히 나를 직원으로 생각하고 쳐다보는 표정을 보고 있으니 한숨이 나온다. '그래 저 사람들은 무슨 죄냐', 싸울 힘도 나지 않고 말도 섞기 싫어 그 커플을 태우고 근처 숙소로 데려다준다. 그 뒤로 이 대표의 연락은 받지 않았고, 전화번호는 스팸으로 등록해 두었다. 다시는 마주치지 않았으면 한다.

이외에도 종종 형편없는 마인드를 가진 사람들을 만났다. 내 마음이 편하기 위해 웬만하면 '그러려니'라는 생각으로 살아가는 나지만, 이런 사람들은 형편없다고 표현해도 될 것 같다. 이런 사람들이 만드는 무대가 어떤지는 올라서지 않아도 알 수 있다. 그렇기에 아쉬워할 필요도 이유도 없다. 서울에서 음악을 하면서도 이런 일들이 비교적 흔했기 때문에 나는 어느 정도 단련이 된 줄 알았다. 그런데 막상 또 다시 느끼는 이 감정은 적응이 되질 않았다. 한동안 끓어오르는 분노를 삼키느라 내 감정과 시간을 소비했던 것에 화가 치밀어 오른다. 음악을 시작하는 뮤지션, 그리고 혹여나 제주에서 음악을 시작하려는 사람들이 있다면 참고하길 바라며 써본다.

나는 긴장하는 가수다 1

제주살이를 막 시작했던 2020년, JTBC에서 아주 흥행했던 방송 프로그램 중 〈싱어게인〉이라는 프로그램이 있다. 많은 아티스트들이 자기만의 스토리와 색으로 음악을 표현했던 오디션 프로그램이다. 이 방송을 하나둘 짧은 클립으로 보던 중 다양한 아티스트들이 자신을 '나는 ___ 가수다'라고 표현하는 장면을 보게 되었다. 빈칸에 한 단어로 자신의 모습을 담아서 표현하는 아티스트들이 대단해 보였다. 그러다 '나는 어떤 가수라고 표현을 할 수 있을까'라고 스스로에게 묻기 시작했는데, 한참을 대답하지 못하고 고민만 했다.

2023년 〈싱어게인〉 시즌 3 지원자 모집 공고가 떴다는 지인의 연락을 받았다. 이번 시즌에 지원을 해보자 싶어 지원 영상을 찍었다. 내가 어떤 생각이었는지는 나도 잘 모르겠다. 제주에서 무드트리로 무대에 올라 노래하면서 내가 어떤 가수인지, 어떤 음악을 하는 사람인지에 대해 어느 정도 알게 되었다고 생각했던 건지…. 어쨌든 몇 주 동안 심혈을 기울여 지원곡을 골라, 카메라 앞에서 있는 그대로의 모습으로 노래를 불렀다. 느린 템포의 곡부터 빠른 템포의 곡까지 나름 다양하게 총 다섯 개의 영상을 찍었고, 공연 영상도 함께 첨부해 지원을 무사히 마쳤다.

지원자로서 해야 할 것에 최선을 다했으니, 이제 기다림의 시간이다. 한 달이 넘도록 답이 오지 않았다. 보통 이 정도 연락이 오지 않는다면 떨어진 것이겠다는 생각이 들어 아쉬움이 몰려왔다. 그렇게 몇 주가 흘렀을까, 저장되어 있지 않은 번호로 전화 한 통이 왔다. 〈싱어게인〉 작가의 전화였다. 1차 합격 소식을 전함과 동시에 2차 오디션에 대한 정보와 안내를 위해 이것저것 설명을 해주었다. 큰 기대 없이 지원했지만 막상 아쉬움을 달래고 있을 때쯤 합격 소식을 들으니 굉장히 반갑고 기뻤다.

2차 오디션까지 시간이 많지 않았다. 서둘러 비행기 예매부터 한 뒤 오디션을 위한 선곡 및 반주 작업에 들어갔다. 총 두 곡의 음악을 준비했고, 반주 작업은 우영이가 도왔다. 오디션 시각이 당일에 출발하기엔 조금 이른 시간이었기 때문에 그 전날 미리 김포공항으로 갔다. 상암 근처의 숙소들은 주말엔 굉장히 가격이 비싸 공항 근처로 숙소를 정했다. 도착하자마자 간단한 식사를 마치고 숙소에서 쉬면서 예상 질문에 대한 대답을 미리 준비하고, 다음날 부를 노래를 들으며 책을 읽었다.

 이때까지 잠시 잊고 있던 게 있다. 내게 무대 공포증이라는 고질병이 있다는 사실이다. 연습을 아무리 많이 해도 막상 실전에서 긴장해버리는 이 병은 세월이 흘러도 끈질기게 나를 괴롭힌다. 함께하는 멤버들이 있으면 그나마 좀 나은데, 혼자서 무대에 오를 때는 기댈 곳이 없어 그런지 마이크가 흔들릴 정도로 바르르 떨기도 한다. 이 고질병은 평가받는 오디션이나 시험장에서는 극도로 심해진다. 나는 그런 내 모습이 정말 꼴 보기 싫다.

나는 긴장하는 가수다 2

오디션 당일, 김포 숙소를 나와 지하철을 타고 방송국으로 향했다. 제주에서 어느 정도 회복이 되어서 그런지, 오랜만에 서울을 오니 마치 놀러 온 것 같았다. 조금 일찍 도착한 상암 JTBC. 들어가니 대기실로 안내를 받았다. 대기실은 큰 공간 벽면에 의자들이 놓여 있는 방이었다. 나보다 먼저 와 있는 지원자들이 많았다. 기타를 치며 목을 풀고 있는 남자부터 벽을 보며 랩을 하고 있는 여자까지….

현장 분위기는 무겁진 않았지만 조용한 편이였다. 누군가 소리를 내면 지원자들은 서로 어느 정도의 실력을 가졌는지 궁금해 귀를 기울였다. 분위기가 실용음악과 대입 시험과 흡사했다. 다만 대기 중인 뮤지션들 모두가 프로의 느낌을 물씬 풍겼고, 간혹 정적을 깨며 목을 푸는 사람들의 실력도 상당해 보였다.

어느 정도 시간이 지난 뒤 작가들이 준비한 서류에 사인을 하고 간단한 사진 촬영이 이어졌다. 곧 시작한다는 안내에 나도 이미 풀었던 목을 다시 한번 점검해 본다. 그렇게 시작된 오디션. 지원자들은 하나 둘 오디션장으로 들어갔고, 짐을 챙기러 대기실로 들른 사람들의 표정은 가늠할 수가 없었다.

시간이 지나 다가온 내 차례. 자신 있게 오디션장에 들어갔다. 들어가자마자 적잖이 놀랐다. 작은 공간에 수십 명의 사람들과 카메라들이 있었고, 내가 노래 부를 수 있는 공간은 한 평도 되지 않아 보였기 때문이다. 좁은 공간에 들어서자 몸이 갑자기 굳어졌다. 압박이 되는 공간에서도 얼마나 잘 하는지 보려고 의도한 것일까. 나는 당황했다.

이번에도 떨면 나 자신에게 너무 정이 떨어질 것 같아

'긴장하지 말아야지'라고 수백 번 다짐하고 들어간 오디션장이었다. 겨우 정신을 차리고 떨리는 모습을 애써 감추어 보았지만, 미세하게 떨리는 호흡과 노래는 감출 수 없었다.

노래가 끝나고 난 뒤에 이어지는 질문과 분위기에서 내 결과를 어느 정도 예상할 수 있었다. 음악 생활에 대한 질문은 하나도 없고, 그저 언제 제주에 내려갔는지, 오디션을 위해 언제 올라왔는지, 이런 일상적인 질문들뿐이었기 때문이다. 노래를 하는 도중에 이미 결과는 나왔고, 멀리서 온 나를 짧은 시간에 끝내기 미안한 마음에 궁금하지도 않은 질문들을 하는 것이라는 생각이 들었다. 그 순간 드는 알 수 없는 감정들과 창피함은 나를 한 번 더 짓밟았다.

고생했다는 말을 뒤로한 채 오디션장을 나와 짐을 챙기고 건물 밖으로 나왔다. 짐을 찾으러 대기실로 들어갔을 때 그 안의 모든 시선이 나에게 향해 있는 걸 알았지만, 표정을 숨길 수가 없었다. 누가 봐도 좋지 않은 결과라 예상했을 것이다.

건물 밖으로 나오니 주말의 평화로운 상암동 풍경과 얄미운 햇빛이 쨍쨍 내리쬐고 있었다. 나를 제외한 모든 사람들은 평온해 보이는 그런 일요일 오후였다. 이런 날 나는 어디로 가야 할지 정하지도 못한 채 멍하게 서서 주변을 바라볼 뿐이었다.

나는 인정받는 것에 대한 갈증이 있다. 그래서 매 순간을 요령 없이 열심히 할 줄만 아는 아이였다. 평가받는 자리에서 이토록 긴장하는 건 그 때문일까. 이 고질병이 너무나도 원망스럽고, 잘 해내지 못한 나 자신이 너무나도 미웠다. 제주에서 공연을 하면서 어느 정도 극복했다고 생각했는데, 이 상황을 어떻게 받아들여야 하는지도 모르겠고, 오디션을 준비하면서 어느 정도 기대했던 내가 너무나도 창피했다. 나는 어떤 가수일까, 아니 가수가 맞기는 한 걸까, 북받쳐 오르는 감정에 어찌할 바를 모르고 작은 공원을 걷기만 했다. 모든 게 나아진 줄 알았지만 꼭 그렇지만은 않았던 것이다.

자책의 한숨을 수십 번 쉬고 있는데 친구 윤석이의 전화가 왔다. 내가 이 오디션을 보는 걸 알린 유일한 친구다.

힘없는 목소리를 눈치챈 걸까, 아무것도 묻지 않고 간만에 올라왔으니 이른 시간부터 술 한잔 기울이자는 친구의 말에 일단 몸을 옮겼다. 만나자마자 우리는 제주에 있을 때 통화하며 입버릇처럼 이야기하던 추억의 장소로 향했다. 나는 오랜만에 만난 친구에게 그날 느낀 감정을 토해내느라 바빴다. 어느 정도 쏟아내고 나니 함께 술을 마시는 내내 내가 자책의 감정에 깊이 빠져들지 않게 애쓰는 윤석이의 모습이 보였다. 조금 마음이 가라앉은 나는 그제야 친구의 근황에 대해 물었다.

자리를 옮기고, 술에 취해서 그런 건지 나는 어느새 개운하게 웃고 있었다. 즐거운 시간을 보내고 하루 신세 지러 윤석이 집으로 향했다. 잘 준비를 마치고 우리는 천장을 보며 이야기를 이어갔다. 그러다 마지막에 윤석이가 조심스레 말을 건넸다. "꼭 이 방법만이 정답이 아닐 수도 있으니 기운 내." 합리화인지 모르겠지만, 이 말을 들으니 마음이 편안해졌다. 복잡한 머릿속도 조금 정리되었다. 오랜 친구와 보내는 시간은 나쁜 감정은 잠시 잊게 해주는 고마운 위로다. 그 덕분에 여전히 긴장하는 가수의 하루는 편안하게 잠을 청하며 마무리되었다.

에스프레소에 따뜻한 우유를 부으면

겨울이 되면 카페에 라떼 주문이 많아진다. 에스프레소 샷 두 개를 내리고, 스팀 피처에 차가운 우유를 담으면 준비는 끝난다. 우유에 뜨거운 스팀을 주면서 회전을 시킨다. 약간의 공기주입을 하며 65도 정도 되도록 우유를 데우면 0.5센티미터의 거품 층이 생긴다. 잘 데운 우유를 에스프레소가 담긴 컵에 천천히 부으면서 에스프레소의 크레마를 안정화 시켜준 다음 천천히 내려 부으면 거품 층이 나온다. 이때 라떼 아트를 만들면 갈색 크레마와 흰 우유의 색이 잘 어우러져 연한 갈색의 보기도 좋고 먹기도 좋은 따끈한 라떼 한 잔이 완성된다.

아쉽게도 나는 추운 겨울에 따뜻한 라떼를 즐길 수가 없다. 몸에서 유당 분해가 되지 않아 우유를 먹으면 아주 귀찮아지는 일들이 생기기 때문이다. 그래도 손님이 여유로운 표정으로 라떼 한 입 마시는 모습을 보면 왠지 모르지만 나도 마신 것 같은 기분이 들어서 라떼 만드는 걸 좋아한다. 물론 바쁠 때는 그럴 여유 없이 기계처럼 커피를 만들기도 하지만 말이다.

제주의 겨울에는 눈이 잘 오지 않는다고 들었는데, 올겨울은 유난히 눈이 많이 내렸다. 밖에는 운전하기 어려울 정도로 눈이 쌓여 도로에 차들도 다니지 않고, 녹차밭과 오름, 주변이 온통 눈으로 뒤덮여 있다. 모처럼 한가한 오후, 카페 전체에 퍼져 있는 은은한 라떼 향을 맡으며 나도 티타임을 가진다.

갈색의 에스프레소는 진한 향을 머금고 있다. 때때로 이 향이 너무 강해서 코 안쪽까지 씁쓸해지기도 하는데 이런 커피를 따듯하고 부드러운 새하얀 우유와 섞으면 연한 갈색으로 변하면서 향이 은은해진다. 서울에서의 삶은 에스프레소를 홀짝 마시고 카페를 떠나버리는 것처럼 촉박

하고 급한 시간들의 연속이었다. 지금은 따뜻하고 부드러운 우유를 섞은 듯한 여유가 생겨 천천히 주변을 살펴보면서 즐길 수 있는 커피타임이 생긴 것 같다. 급하게 홀짝 마시고 떠나버리는 서울 생활에 따뜻한 여유만 부어주면 은은해질 수 있었을 텐데, 그때는 생각하지 못하고 제주에 오고 나서야 알게 되었다.

정은 작가의 『커피와 담배』라는 책을 읽었다. 제주에서 처음 읽은 이 책에서 커피가 주는 여유를 엿볼 수 있었다. 제주의 느낌이 아니라 도시의 느낌으로 말이다. 내가 만약 서울에서 이 책을 읽었다면 어떤 감상이었을까? 지금 내가 공감하는 것과 같은 생각을 할 수 있었을까? 커피가 주는 것들은 많다. 내 마음의 여유에 대해서 생각하는 시간과 내가 존재하고 있음을 느끼는 것. 빠르고 급하게 살 줄만 알던 이전과는 다르게 은은하게 느낄 수 있는 모든 것들. 어쩌면 제주에 오지 않았으면 모르고 살아갔을 것들에 대해 많은 생각을 하게 한다.

제주도에서 지내다 보면 문득 사진을 찍고 싶은 풍경들을 만난다. 이어폰을 끼고 걸어 다니면서 플레이어나 영상을 보기 위해 핸드폰을 꺼내는 것이 아니라, 눈앞에 펼쳐져 있는 이 풍경들을 사진으로 남기고 싶은 생각이 들어 핸드폰을 꺼낸다. 사진을 찍는 순간만큼은 작가라도 된 듯 굉장한 집중력을 보이며 그 장면을 멋있게 담기 위해 노력한다. 요즈음은 커피를 마시기 전에도 사진을 찍는다. 열심히 작가에 빙의해서 사진을 남기고, 만족해하며 핸드폰을 다시 넣은 뒤 다시 모락모락 김이 피어나고 있는 머그잔을 집어 커피를 마시기 시작한다.

자극적이지 않고 부드럽게.

어떻게 살아야 하는지

알려주는 것들

Comodo
평온하게 연주하라

손톱의 멍

일하던 카페에서 손톱을 다친 적이 있었다. 에스프레소를 추출하는 바를 청소하다 어처구니없이 장비에 찍혀 손톱 안쪽이 검은 피로 가득하게 멍이 들었다. 며칠 동안 멍든 부위에 살짝 스치지만 해도 통증이 온몸을 타고 흘러 손을 제대로 쓸 수가 없었다. 아픈 것도 아픈 거지만 까만 손톱이 보기가 흉해 밴드로 숨기고 다녔다. 그렇게 몇 주를 신경 쓰이는 손톱을 쳐다보며 지냈던 것 같다.

시간이 조금 흘러 손톱은 떨어져 나갔지만 까맣게 물든 멍은 사라지지 않았고, 손톱 아래에 있던 맨살이 조금씩 딱딱해졌다. 통증도 사라지고, 까만 손톱보다는 덜 나빠 보여 다행이긴 했지만 얼른 새 손톱이 자라나서 원래대로 돌아왔으면 싶었다. 마음과는 다르게 손톱은 너무나도 천천히 자랐다. 다 자라기까지 한참 걸릴 것 같았다.

처음엔 모든 신경이 손톱에 향해 있었는데, 그렇게 커 보이던 손톱의 흉터도 시간이 지나니 점점 잊혔다. 그래서일까, 새 손톱이 다 자라 깎을 때가 오히려 생각보다 빨리 찾아온 것 같다. 멍들었던 부분도 손톱과 함께 조금씩 올라오고 있었다. 그렇게 열 번 정도 손톱을 정리했을까, 까만 손톱이 어느새 손끝까지 밀려왔다. 드디어 끝났다는 시원한 마음과 함께 마지막으로 까만 손톱을 깎아 보내주었다.

제법 긴 시간 동안 아물어 가는 손을 보며 이런 생각을 했다. 우리 마음속에 자리 잡은 까만 멍도 처음엔 너무 커 보인다. 빠르게 나지 않는 새살이 야속하기도 하지만, 결국엔 무관심이 약이다. 시간이 지나면서 자연스레 상처는 연해지고, 다시 아물어 가벼운 마음으로 깎아 보내줄 수 있는 것이다. 낯선 이 섬에서의 1년, 2년이 천천히 지나고 내가 서울에서 가져온 까만 멍은 제주에서의 생활이 약이 되었는지 어느덧 조금씩 아물어 이제는 마지막 손톱을 깎을 때가 찾아온 것 같다. 까만 손톱을 정리하고 새로 자라난 투명한 손톱은 제자리에서 언제 그랬냐는 듯이 또 새로운 손톱을 만들어 내겠지.

 마음의 멍이 생기고, 새살이 돋아 단단해지면 그 위에 더 큰 상처가 생기고, 또 새살이 돋고…. 이렇게 어른이 되어가는 것 아닐까. 나이에 상관없이 모든 상처는 크고 아프다. 중요한 것은 그 상처를 어떻게 바라보아야 새살이 돋는지에 대해 생각해 보는 것이다. 지금의 내가 찾아낸 방법은 무관심으로 이 상처를 대하며 새살을 기다리는 것이다.

여전히 뜬구름 잡기

뜬구름 잡는 이야기를 좋아한다. 어쩌면 터무니없는 이야기일지라도 지금의 현실을 버틸 수 있게 해주니까 말이다. 음악을 하면서 매년 힘들게 살아왔고, 노래하면서 남들처럼 평범하게 산다는 게 어쩌면 가장 이루기 힘든 꿈일 수도 있다는 걸 느낀다. 그래서인지 새해가 밝아올 때마다 착각에 빠진다. '올해는 잘될 거야.' '지난해보다는 나을 거야.' 실제로도 조금씩 나아지고는 있는 것 같아 마냥 어처구니없는 착각이라고 보긴 어렵지만, 나는 어쩌면 드라마 같은 변화를 원하는 걸지도 모르겠다. 그런 착각으로 1년을 살다 연말이 온다.

제주에서 맞는 새해. 제자리걸음을 하고 있다는 생각이 들긴 하지만 긍정적으로 보면 조금씩 나아지고 있기 때문에 또다시 기분 좋게 뜬구름을 잡아본다. 제주에 와서 하는 게 참 많다. 학생들을 가르치는 일, 손님들에게 향기 좋은 커피를 내려주는 일, 라디오 프로그램에서 명곡을 소개하는 일, 부족하지만 조금씩 글 쓰는 일까지. 시간이 부족하다고 느낄 정도로 바삐 움직이고 있지만 어딘가 허전한 느낌은 외면할 수가 없었다. 그 허전한 마음에 저울질도 해보고 질문도 하면서 내 마음을 들여다본다.

그러던 중 생각지 못한 상황에서 그 원인을 찾았다. 명곡을 소개하는 라디오 프로그램에 고정 게스트로 출연하고 있다. 방송 전에 라디오 디제이와 게스트인 내가 주고받을 대화, 그리고 음악에 대한 정보와 이야기들을 정리한 원고를 작가에게 메일로 보낸다. 그러면 작가가 추가적인 질문과 디테일을 수정해 보내준다. 하루는 수정된 원고를 받아보았는데, 추가 질문에 나의 음악 활동에 대해 묻는 질문이 적혀 있었다. 평범한 질문인데 거기에 나는 한참을 망설였다. 나의 음악 활동에 아무런 계획이 없었기 때문이다.

결국 당일에서야 명확한 답이라고 보기 어려운 두루뭉술한 대답을 준비해서 라디오 부스에 들어섰다. 방송은 순조롭게 끝났지만 그날 집으로 향하는 길 내내 그 질문이 머릿속을 떠나지 않았다. 바삐 움직이고는 있는데, 한때는 전부라고 생각했던 음악은 전혀 움직이지 않은 채 그 자리에 멈춰 있다는 걸 느꼈기 때문이다. 어쩌면 이전부터 느꼈지만 외면하고 지냈던 것인지도 모르겠다. 허전한 마음은 여기에서부터 시작되지 않았을까. 다른 계획들은 많지만 정작 나의 가장 중요한 부분을 채울 계획이 없었으니 말이다.

그러면 내가 원하고 꿈꾸는 것은 무엇일까? 내 기준에 잘 되는 것이란 도대체 어떤 것일까? 돈을 많이 버는 것인지, 혹은 평온하고 안정적으로 사는 것인지…. 꽤 오랜 시간이 흘렀지만, 이제 와 떠오르는 대답이 있다. 나는 내가 전하고자 하는 것을 음악으로 표현하고, 나의 음악을 듣는 사람들에게 많은 감정들을 선물하고 싶다. 나의 음악을 사랑해 주는 사람들 앞에서 오랜 시간 동안 노래를 하는 것이 내 꿈이다. 그렇기 때문에 새해가 밝아올 때마다 하는 잘 될 거라는 생각은 착각으로 끝날 수밖에 없었다. 나만의 음악을 하며 지내지 않았으니 말이다.

    착각을 현실로 바꾸기 위한 첫걸음을 이제야 생각하게 되었다. 아마 내년에도 나는 뜬구름을 잡고 있을 것이다. 하지만 적어도 내가 원하고 꿈꾸는 그 뜬구름이 확실해졌기 때문에 이제는 조금씩 거기에 가까워질 수 있을 거라 믿는다.

어떻게 가사를 쓰면 진심이 통할까

작업한 곡들을 동료나 주변 사람들에게 들려주면 하나같이 내가 쓴 노래 같다는 말을 듣는다. 어느 날은 집에서 커피를 마시다 꽤 예전부터 이런 말을 들었다는 생각이 들었다. 뜬금없이 떠오른 그 생각을 잡고 컴퓨터에 앉아 그때까지 만들어 놓은 곡들을 전부 들었다. 무언가 다른 듯하면서 같은 느낌. 분위기가 비슷해서 그럴까, 편곡이 비슷해서 그럴까. 멜로디와 가사는 전부 다르지만 동료들이 왜 그런 이야기를 했는지 알 것 같았다.

나의 자작곡들은 발매된 것이나, 아직 세상 밖으로 나오지 못하고 컴퓨터에 저장되어 있는 것이나 대부분 내가 좋아하는 감정이 담긴 밝은 사랑 노래다. 무언가 변화가 필요한 건지, 아니면 나이가 들면서 나도 다른 분위기를 추구하려는 것인지, 이제 이런 감정의 그림들과는 다른 그림이 그려진 곡을 만들고 싶다. 이유는 알 수 없지만 작업 방식의 환기가 필요한 때가 온 것 같다.

제주도에 한 라디오에 무드트리로 출연했을 때였다. 당시 발매한 EP 앨범에 대해 이야기하던 중 디제이가 이번 곡은 어떤 메시지를 담고 있느냐는 질문에 동문서답으로 대답한 기억이 있다. '무드트리의 EP 앨범 ⟨Under The Moon⟩은 밤마다 뜨는 달이 우리가 바라볼 때마다 다른 감정으로 다가오는 점에 주목했다. 앨범에 수록된 세 곡 모두 아직 깨어서 달을 보는 밤을 배경으로 하지만, 그 감정선이 각기 다르다….' 이런 설명을 했으니 그다음에는 각 노래가 어떤 메시지를 담고 있는지에 대해 이야기해야 하는데, 그걸 못했다. 그날 방송이 끝나고서야 내가 바보 같은 대답을 했다고 느꼈다.

사실 그전까지 내 노래의 메시지에 대해 집요하게 파고들 생각을 해보지 않았다. 무드트리의 음악은 순간의 상황과 감정들을 이야기하는 것이 많다. 우리 음악에 대단한 메시지가 담겨 있던 건 아니다. 음악이 꼭 심오해야 한다는 법은 없지만, 적어도 무언가를 명확하게 전달하는 방법에 대해 고민해 볼 필요를 느꼈다. 내 음악에 무언가 가벼운 느낌이 있었던 이유가 여기 있는 것 같기도 했다. 멜로디와 음악적인 사운드도 당연히 중요하지만, 거기 몰두하는 동안 전하고자 하는 메시지는 비교적 깊이 들여다보지 못했던 것도 같다.

그 이후로 음악을 대하는 자세가 약간 달라졌다. 멜로디와 분위기만 들리던 음악의 가사가 먼저 들리기 시작하고, 메시지를 담고 있는 음악들을 찾아서 듣기 시작했다. 자연스레 마음에 드는 가사가 늘어가고, 곡을 쓸 때 가사에 조금 더 집중하게 되었다. 그러던 중 한 노래 가사가 가슴속에 깊게 박혀 한동안 머릿속을 떠나지 않았다. 샘킴의 'It's You'라는 노래에 피처링한 지코의 가사 속 '작사해봐서 알겠지만 진심은 통해'라는 문장. 작사를 해보았지만 진심이 통했다는 느낌을 받은 기억이 없었기 때문이다.

한동안 이 문장에 골머리를 앓다가 여태 써왔던 가사들

을 모조리 지워버렸다. 홧김은 아니었고, 머릿속에서 우선순위가 바뀌면서 이전에 써 놓았던 가사들이 중요한 것을 놓치고 있다는 느낌을 받았기 때문이다. 이런 부분을 나의 음악적인 색깔로 보고 고집할 수도 있겠지만, 나로서는 거기 만족되지 않는다. 아직 못 해본 게 많고, 표현하고 시도하고 싶은 것들도 많다. 늦게 내 음악을 시작해서 그런지 모르겠지만, 음악적인 색을 정하기엔 아직 이르다고 생각한다.

'건강한 스트레스는 언제든 환영'이라는 말은 내가 항상 입에 달고 사는 말이다. 처음엔 막막하고 어려웠던 것들도 끝까지 붙잡고 늘어지다 보면 어떻게든 바뀌어 간다. 이런 게 신기하기도 하고 재밌기도 해서, 나는 늘 무언가 새로 배우는 것을 좋아한다. 작사를 이제서야 배우기 시작하는 느낌이다. 건강한 스트레스가 조금 벅차게 오는 것 같긴 하지만 말이다. 더 나은 가사로 진심이 통하는 날이 오면, 지금도 재밌던 추억이 될 것이다.

빨간불 없는 드라이브

서울의 지하철 3호선을 타고 가다 보면 옥수역에서 압구정역으로 넘어가는 길목에 창밖으로 한강이 보인다. 내가 정말 좋아하던 풍경이다. 하지만 그 풍경을 볼 수 있는 시간은 너무나도 짧았다. 그리고 지하철은 내가 가고 싶은 곳이 아닌 정해진 노선을 따라 이동해야 하기 때문에 머물러서 무언가를 감상할 시간 따위는 주어지지 않고, 서둘러 다음 정거장으로 향하곤 했다.

제주에 와서 좋아하는 드라이브 코스가 생겼다. 제주시 서쪽 신창리를 시작으로 해안가를 따라 서귀포시 대정읍까지 16킬로미터 정도 직선으로 쭉 이어지는 길이다. 나는 이 길이 정말 좋다. 한적한 시간엔 넓은 도로에 차 한 대 보이지 않고, 길 옆에는 조용한 시골 마을과 바다, 오름들이 펼쳐진다. 날씨가 좋은 날도 비가 오는 날도 꽤나 분위기 있게 드라이브를 할 수 있다.

심지어 이 길은 정규 속도로 달리면 제주시에서 서귀포시까지 신호가 한 번도 걸리지 않고 달릴 수 있다! 이런 좋은 점을 처음부터 알았던 건 아니다. 전에는 앞 차의 속도나 뒤에 따라오는 차들의 속도에 맞추다 보니 어떨 땐 빠르게, 또 어떨 땐 느리게 달려서 몇 번이나 신호가 걸렸다. 룸 미러와 사이드 미러 보기에 바빠 당연히 주변 풍경을 볼 새도 없었던 것 같다.

곁눈질하며 오락가락, 멈추다 서다 하는 게 드라이브만은 아니었다. 내 생활도 같았다. 마음이 급해 서두르는 날들의 연속. 남들의 속도에 맞춰 내 주변은 볼 여유도 없이 살았던 건 아닐까. 이제는 주변 차들을 피해 정규 속도로 빠르지도 느리지도 않게 달리며 빨간불 없는 드라이브 코스를 즐긴다.

어차피 도착하는 시간은 큰 차이가 없는 듯하고, 그리 급하지도 않은데. 이 드라이브처럼 앞으로의 날들을 나만의 정규 속도로 천천히 달리면 길에서 파란불만 만날 수도 있지 않을까? 주변을 둘러보며 내가 가고 있는 길이 어떠한 것들을 보여주고 있는지, 내 마음의 날씨는 어떠한지 살펴보며 달리는 삶의 드라이브는 급하게 달리는 삶과는 다를 것이다.

왼쪽 창문엔 드넓은 바다. 반대로 고개를 돌리면 푸른 산과 나무들. 그리고 하늘엔 무르익은 노을과 그 옆으로 아름답게 물들어 있는 구름까지. 이 모든 것들은 먼저 내 마음이 급하지 않고, 너무 빠르게 달리지 않아야 볼 수 있다. 목적지에 도착했을 때 내가 달려온 길이 어떤 길인지 기억하려면, 천천히 달리는 게 정답이다.

평생을 함께 할 친구를 다루는 방법

작곡가나 싱어송라이터들에게는 저마다의 작업 방식이 있다. 어떤 방법이 더 좋은 곡을 만들고, 많이 만들 수 있는지는 알 수 없지만 말이다. 내게도 작곡 방식이 몇 가지가 있다. 먼저 전하고자 하는 메시지를 먼저 생각한 다음 메시지와 어울리는 분위기의 코드 진행을 만들어 내는 방식, 그리고 반대로 원하는 분위기를 만들어 낸 후 그 트랙을 계속해서 들으면서 전하고자 하는 메시지를 생각하는 방식이다. 가사를 먼저 쓰면 서정적인 발라드 곡이 주로 나오고, 코드 진행을 먼저 쓰면 밝은 느낌의 곡들이 나온다.

서울에서는 거의 후자의 방식으로 작업을 했다. 원하

는 분위기의 코드 진행을 만들고 전하고 싶은 메시지와 어울리는 분위기를 가진 레퍼런스를 찾아 머릿속으로 나만의 그림을 그린다. 그다음 실제 작곡을 시작하는데, 이런 방식으로 만든 노래가 무드트리의 '너의 노래'다. 그런데 제주에 온 뒤로는 거의 반대가 되었다. 내가 전하고자 하는 메시지를 먼저 생각한 다음 그에 어울리는 코드 진행을 만들기 시작하게 된 것이다. 무드트리의 EP 앨범 〈Under The Moon〉에 수록된 '외면한 마음'이 이렇게 만든 곡이다.

작곡 전까지의 순서는 조금 달라졌지만, 그 뒤로 이어지는 작업은 크게 다르지 않다. 코드 진행과 메시지가 큰 틀에서 정해지면 가장 먼저 멜로디 라인을 만든다. 그리고 시간이 조금 지난 뒤에 저장해둔 트랙을 재생시켜 곡의 조성에 맞는 멜로디라인을 피아노로 쭉 연주해 본다. 어느 정도 스케일이 익숙해지면 만들어진 코드에 콧노래를 흥얼거리며 멜로디를 만든다. 무작정 듣기 좋은 멜로디만 만드는 것이 아니라 기승전결에 맞는 다이내믹을 정한 다음 어울리는 탑 라인을 만들어야 전하고자 하는 메시지에 더욱 힘이 실린다.

여기까지 작업을 진행하면 어느 정도 곡의 스케치는 완성된 셈이다. 다만 가사도 없고 멜로디도 정리되지 않았기 때문에 이 상태의 곡은 일반 리스너에게는 조금 웃기게 들릴 수도 있다. 유튜브에서 성시경이 윤종신의 '한번 더 이별'이라는 곡의 가이드를 모창한 딩고 라이브 영상을 보면 이런 노래가 어떤 느낌인지 대충 알 수 있다.

이제는 수정하는 작업이 남는다. 스케치 된 곡에서 어색한 코드나, 탑 라인을 조금씩 바꿔준다. 글을 쓸 때 하는 퇴고 작업과 닮은 과정이다. 나는 피아노 앞에 앉아 코드 진행을 만들 때나 컴퓨터 앞에서 트랙을 들으며 탑 라인을 만들 때 모두 그날의 날씨, 기분, 감정에 영향을 크게 받는 편이다. 레퍼런스가 있다면 그 레퍼런스의 느낌을 주는 영화나 음악들을 많이 보고 듣기도 한다. 그럼 한층 더 코드나 탑 라인에 집중할 수 있기 때문이다.

작곡하면서 오는 스트레스는 결코 작지 않다. 곡을 쓰려고 앉아서 몇 시간을 멍하게 시간을 흘려보낼 때도 많고, 며칠을 붙잡고 겨우 만들었는데 하루아침에 다 지워버리는 경우도 있다. 하지만 그 과정이 지나 세상 밖으로 나온 곡은 머리 아파 낳은 소중한 내 자식이 된다. 자식 같은 곡들은 어떨 땐 든든한 친구가 되어 주기도 한다. 나의 모든 작업에서 그때의 마음 상태와 감정이 고스란히 전해지기에, 곡을 쓰는 게 어쩌면 나만의 일기장을 쓰는 걸지도 모르겠다. 나에게 곡을 쓰는 건 살아있다는 걸 느끼게 하는 것 그 이상의 기쁨이자, 나의 모든 것이 담긴 내 삶의 의미다.

까맣게 익은 바나나

내 쇼핑의 80퍼센트는 식료품이다. 특히나 마트에서 장을 보고 나오면 장바구니 안에 온통 안줏거리와 술뿐인 경우가 많다. 마트에 들어설 때는 보통 식품 코너, 그중에도 육류, 해산물, 주류 쪽에 주로 머문다. 과일이나 채소 코너는 거의 가지 않는 편이다. 해산물 코너로 향하는 길에 있으면 잠깐 훑어보는 정도일 것이다.

하루는 평소처럼 관심 없이 채소 코너를 지나치는데 이상하게 눈길이 가는 과일이 있었다. 싱싱한 과일들과는 조금 떨어져 한곳에 모여 있는 할인 품목 과일들. 그 과일 사이로 많이 익은 까만 바나나가 눈에 띄었다. 먹을지 안 먹을지는 모르겠지만 가격이 만만해서 한 송이를 집어 들었다. 집에 돌아와서는 이상하게 눈길이 가던 까만 바나나부터 한 입 베어 물었다. 달콤했다. 과일을 즐겨 먹지 않는데도 홀린 듯 바나나 한 송이를 한 시간도 채 되지 않는 사이에 껍질만 남기고 모두 해치워버렸다.

다음번에 장을 보러 갔을 때는 가장 먼저 과일 코너로 향했다. 나로서는 참 이상한 일이다. 까맣게 익은 바나나가 있는지 찾아보았지만 보이지 않아서 아쉬운 대로 샛노란 바나나 한 송이를 사서 집으로 돌아왔다. 그리고 기대하는 마음으로 바나나를 베어 물었는데, 어라? 막상 먹어보니 실망스러웠다. 맛이 없다기보다 내가 생각한 그 맛, 까만 바나나 맛이 나질 않았다. 그제야 나는 내 취향이 너무 익어버려 상품가치가 떨어진 세일 상품들 사이에 있는 까만 바나나라는 것을 알 수 있었다.

언젠가 누군가를 좋아했을 때의 일이다. 우리의 감정의 시간은 매우 다르게 흘렀다. 그 사람에 대한 내 마음은 까만 바나나처럼 다 익어버렸는데, 상대방은 아직 샛노란 바나나 같았다. 혼자서 너무 익어버린 내 마음을 상대방이

부담스럽게 느껴 외면당했던 적이 있었다. 연애를 많이 해보지 않았던 내게는 작지 않은 상처였다. 그 뒤로는 마음이 이미 익었어도 그걸 애써 감추게 되었다. 나도 상대방과 같은 속도인 척한 것이다. 하지만 나는 연기에 소질이 없어서, 불편하게 아닌 척하다가 오히려 관계가 더 어색해져 갔다. 결국 돌아오는 건 마음고생뿐이었다. 이런 시간들이 지나고 나서는 애써 숨기지 않고 표현하기로 했다. 이러나저러나 마음고생하는 건 똑같다면 있는 그대로 행동하는 게 나으니 말이다.

이 나이가 되도록 제대로 된 연애를 해보지 못했다. 나의 음악도 아직 빛을 보진 못했다. 그렇게 시간이 흘러 나의 사랑과 음악이 혼자서 쓸쓸히 까맣게 되더라도 나 자신으로서 서서히 익어간다면 누군가는 알아주지 않을까. 애써 남들과 비슷하게 보일 필요는 없다. 까맣게 익어버린 내 모습이 마음에 들지 않는 사람은 지나갈 것이다. 그렇게 하나둘 스쳐가다 보면 어느 누군가는 마트에서의 나처럼 불현듯 눈에 띄는 까만 바나나를 집어 가기도 할 것이다. 그리고 달콤한 바나나의 맛을 알게 되겠지.

그냥 하면 되는데 1

나는 학생 때부터 남들의 시선을 많이 신경 쓰는 사람이었다. 혼자서는 사람이 많을 곳을 웬만하면 다니지 않았고, 나에게만 시선이 집중되는 상황은 버티기가 힘든 수준이었다. 혼밥도 무언가 부끄럽고 창피해서 배고픔을 참을 때도 많았다. 이런 성격은 함께 할 친구가 있으면 정반대가 되어서, 주변 사람들은 내가 혼밥도 못하는 사람일 거라고는 생각도 못 할 것이다. 이러한 성격은 서른 살이 넘어가면서 조금씩 좋아졌다. 제주에 와서는 혼밥 정도는 쉽게 할 수 있게 되었다.

요즘엔 나를 위해 살아야겠다는 생각이 들면서, 그동안

부끄러워하느라 하고 싶어도 하지 못했던 것들에 대해 생각하게 되었다. 그중 여전히 망설여지던 것이 혼자서 해외여행을 가는 것이었다. 나의 해외 경험은 두 번이 전부다. 처음엔 해군 복무 시절 국제 관함식 때문에 중국의 청도로 갔던 것, 그다음은 서울에서 활동하던 팀의 도쿄 공연 일정으로 일본에 간 것이다. 올해는 더 미루지 않고, 혼자만의 시간을 가질 겸 홀로 떠나보기로 결심했다.

어느 나라로 떠날지에 대해서는 딱히 오래 고민하지 않았다. 75번지 공연으로 갔었던 도쿄에서도 좋은 기억이 많았고, 평소에 일본의 분위기와 풍경을 좋아하기 때문에 나의 첫 홀로 해외여행은 일본으로 정했다. 일본에서도 도쿄, 나고야, 오사카, 오키나와, 고베, 후쿠오카 등 정말 가보고 싶은 곳이 많았는데, 그중에도 조용하고 편안한 분위기와 풍경이 인상 깊어서 나의 첫 해외여행지는 교토로 정해졌다.

여행 당일, 드디어 교토로 출발했다. 제주 국제공항에서 간사이 공항으로 가는 직항 항공편이 있어 비행기를 타고 한 시간 40분 정도만 지나면 간사이 공항에 도착한다.

공항에서 교토로는 기차를 타고 이동하는데, 일본의 철도가 우리나라와는 조금 달라서 간사이 공항에서 교토로 가는 길이 생각보다 수월하지 않았다. 한 시간 정도의 우여곡절 끝에 교토역에 도착했다. 역사 밖으로 나와 교토 타워를 보니 이제서야 여행이 실감된다. 먼저 걸어서 20분 정도 걸리는 거리에 미리 예약해둔 호텔로 향했다.

가는 길에 보이는 가게들의 간판과 동네의 분위기는 도쿄와는 사뭇 달랐다. 자전거를 타며 어디론가 향하는 사람, 이자카야 앞에서 담배를 피우며 알 수 없는 대화를 나누는 사람들, 자기 얼굴만 한 헤드셋을 쓰고 흥얼거리며 걷는 사람까지. '사람 사는 거 다 비슷하구나'라고 생각하다 호텔에 도착했다. 미리 공부했던 짧은 일본어로 체크인을 하고 짐을 옮기니 어느덧 시간은 밤 열 시가 넘었다. 이동하는 내내 아무것도 먹지 못해서 지도 앱으로 근처에 영업 중인 식당을 찾았다.

15분 정도 걸어가니 나오는 작은 덮밥 가게. 짧게 호흡을 가다듬고 용기 내어 문을 열어본다. "아노, 스미마셍! 히토리 다이조부데스까?" 이 말을 몇 번이나 연습했는지 모른다. 연습한 대로 나름 그럴듯한 일본어를 구사했다고 생각했는데, 어디까지나 내 생각이었던 것 같다. 억양이 별로였는지, 발음이 이상했던 건지, 식당 주인 부부는 몇 초 멍하게 나를 쳐다보며 상황 파악을 하기 시작한다. 주인 부부와 짧은 바디랭귀지를 나눈 뒤 한 테이블로 안내를 받았다.

메뉴판은 역시나 알아볼 수 없어 앱을 사용해 중요 단어만 확인한 다음 주문을 한다. 메뉴를 읽을 순 없었기에 손가락으로 메뉴를 가리키며 누가 봐도 외국인인 것처럼 주문한다. "아노, 스미마셍! 잇코, 잇코, 오네가이시마스! 아! 나마비루 잇코 오네가이시마스!" 주문한 맥주와 음식이 나왔을 때 알 수 없는 뿌듯함에 맥주부터 먼저 시원하게 들이켰다.

만족스러운 식사를 마치고 감사 인사를 전한 다음 밖을 나오니 비가 내리고 있었다. 비는 미처 생각하지 못한 부분이라 당황했지만, 길 건너편에 편의점 간판이 보여 무작정 그리로 뛰어갔다. 친절하게 인사하는 직원과의 눈인사 후 호텔에서 먹을 캔맥주와 계란이 들어있는 샌드위치를 우산과 함께 계산대에 올려놓았다. 계산을 하려 하는데, 직원이 알아들을 수 없는 말들을 한다. 아뿔싸. 나는 내가 할 말만 공부했지, 들을 수도 있을 질문은 전혀 공부하지 않았던 것이다. 그래도 친절한 직원의 바디 랭귀지로 대충 상황 파악을 했다. 아무래도 술을 사는 것 때문에 미성년자가 아닌지 확인하려던 것 같다.

다시 호텔로 돌아가는 길엔 밤이 더 깊어져 조용한 가운데 빗소리만 들렸다. 가로등이 있었지만 제법 어두워서 지도 앱 화면만 보면서 얼른 호텔로 향한다. 샤워를 마치고 괜히 텔레비전을 틀어 놓고, 알아듣지도 못하는 일본어를 눈치로 시청하면서 차가운 캔맥주를 따 한 모금 들이켠다. 첫날은 이동이 많아서 일본에서의 하루를 만끽한 느낌은 아니었지만, 나를 위한 홀로 떠나는 여행이 시작되었다는 생각에 무척 설레었다.

그냥 하면 되는데 2

다음 날 일어나자마자 호텔 밖으로 나가본다. 비는 어느새 그쳤고, 화창한 날씨에 덩달아 기분도 좋아진다. 새로운 곳을 가면 산책하는 걸 굉장히 좋아한다. 그 동네의 분위기, 풍경, 사람들을 구경하는 게 재밌기 때문이다. 어젯밤에는 어두워서 있는지도 몰랐던 공원을 산책하다 작은 카페가 보여 무작정 들어가서 아이스커피를 주문한다. 가게 안에 생각보다 사람들이 많이 앉아 있었다. 친구끼리 수다를 떠는 여학생들, 검은 안경을 쓰고 신문을 읽고 있는 아저씨, 나와 같이 혼자 온 손님까지. 우리나라에서도 흔하게 볼 수 있는 그런 모습이었다. 알아들을 순 없는 말들이 오가지만 어떤 대화들인지 대충은 느낄 수 있었다. 사람

사는 거 다 비슷하다는 생각이 들었기 때문이다.

그러고는 택시를 잡아서 가보고 싶던 사찰 기요미즈데라로 향했다. 12월 중순인데 단풍나무에 잎이 떨어지지도 않고 빨갛게 물들어 있었다. 그래서 그런지 일본인, 외국인 할 것 없이 많은 사람들이 사찰을 구경하기 위해 와 있었다. 기요미즈데라에 대한 설명은 당연히 읽을 수 없었기에 그저 풍경들만 감상하고 있었는데 저쪽에 패키지여행을 온 한국인 관광객들이 보였다. 열 명 정도 되는 관광객 앞에서 가이드가 사찰에 대해 설명을 해주었는데 고맙게도 옆에서 엿들을 수 있었다. 사찰 위에서 내려다보는 풍경은 정말 아름다웠다. 단풍나무를 조금 흔들 수 있을 정도로 바람이 불어서 마치 단풍이 춤을 추는 것 같았다.

사찰에서 내려오면 산넨자카에 다양한 가게들이 즐비해 있다. 마음에 드는 가게를 찾으면 들어가 구경도 하고, 또 걷기를 반복하면 니넨자카까지 간다. 그런데 생각보다 빠른 시간 안에 가보고 싶던 곳들을 들러서 막상 시간이 남았다. 일단 걸어보기로 했다. 30분 정도 무작정 예뻐 보이는 길을 걷다가 무료 사진전이 열리고 있는 교토 사진

미술관을 발견했다. 잠시 쉴 겸 미술관으로 들어가 전시를 관람하는데, 우연히 만난 작품들이 취향에 맞았다. 사진으로 감정을 표현한다는 건 정말이지 섬세하고 놀라운 작업 같았다. 덕분에 사진을 감상하면서 지금 내가 하고 있는 음악은 어떻게 표현을 해야 하는지, 나는 음악에 어떤 메시지를 담는 뮤지션이 되어야 할지, 자연스럽게 생각에 빠져들기도 했다.

 어느덧 저녁. 술을 좋아하는 나에게 저녁은 너무나도 반가운 시간이다. 일본에서 꼭 가고 싶던 곳 중 하나가 어묵 바였다. SNS에 검색하면 나오는 관광객 필수 코스 같은 가게 말고, 그 주변 가게들을 검색해서 중심지에서 조금 벗어난 한 어묵 바를 갔다. 중심지에서 조금만 벗어나도 한국 사람은 보기가 드물었다. 내가 찾은 가게에도 모든 테이블에 일본인들이 가득했고, 한국인은 나밖에 없었다. 다찌에 앉으니 앞에 계신 할머니께서 눈인사를 건넨다.

 메뉴판을 받고 검색하려 앱을 켰지만 이미 데이터를 다 써버려서 인터넷이 굉장히 느렸다. 과감하게 메뉴판을 내려놓고 "아노…"로 말문을 열어본다. 할머니께서 내 쪽으로 다가오시더니 무엇을 주문하겠냐 물어보신다. 자신 있게 손가락으로 앞에 담겨 있는 어묵들을 가리키며 "잇코, 잇코 오네가이시마스!"라고 주문한다. 그 모습이 우스우셨는지, 웃으며 알겠다고 하신다. 니혼슈도 그냥 아무거나 적당한 가격을 가리키며 주문을 끝내고 나니 하루의 피로가 조금씩 밀려오기 시작했다.

저녁으로 먹는 니혼슈 한 잔과 어묵, 그리고 무 조림은 작지만 강한 위로 같았다. 혼자서 밥도 못 먹던 내가 일본까지 와서 혼자서 하고 싶었던 것도 해보고, 가보고 싶었던 곳들을 돌아다녔다. 이 사실이 약간의 자신감을 채워주는 듯했다. 다들 한 번쯤은 가는 해외여행을 나는 왜 여태 가보지 않았던 걸까? 뭐가 그렇게 여유가 없어서 나에게 이런 작은 선물조차 주지 못했을까? 그냥 가면 되는 것을, 그냥 하면 되는 것을. 기쁜 마음으로 들어갔던 가게를 나와 호텔로 향할 때는 오히려 생각이 많아져서 느린 걸음으로 걸었다.

그렇게 돌아가는 길에 한 공원에서 버스킹 하는 사람을 발견했다. 내 또래로 보이는 남자가 기타를 메고 공연을 준비 중이었는데, 한참을 준비만 하고 공연을 시작하지 않아서 결국 호텔로 발걸음을 옮겼다. '나도 준비만 하다 관객을 조금씩 놓쳐가는 건 아닐까? 부족하더라도 늦지 않게 시작하는 게 맞지 않을까?' 한국에 돌아가면 앞으로 어떻게 지낼지에 대한 고민을 머리에 가득 싣고 호텔로 돌아갔다. 다른 건 모르겠지만, 생각으로 끝나는 일은 더 이상 생기지 않아야겠다. 그냥 하면 될 것을. 이번 홀로 여행을 통해 얻은 확신이다.

마음이 습할 때

서울에서 살던 집은 지하철역과 가깝고, 집 앞뒤에 큰 도로들로 둘러싸여 있었다. 그래서 환기를 하기가 찝찝했다. 도로의 차 매연이 집으로 들어와서 오히려 몸이 상할 것 같은 느낌. 제주 서귀포의 한적한 집에서는 겪지 않는 일이다. 물론 제주도도 장마철에 동네 전체가 습한 공기로 가득할 때는 환기하기 불편한 부분도 있다. 이럴 때는 환기는커녕 제습하기에 급급해 창문을 꾹 닫고 며칠을 지낸다. 하지만 장마가 끝나면 언제 그랬냐는 듯 온 동네를 환하게 비추는 해를 맞으며 창문을 활짝 열 수 있다. 그러면 습했던 모든 게 보송하게 마르면서 진정으로 환기되는 느낌이 든다.

사람과 사람 사이에도 적절한 환기가 필요하다. 관계의 날씨가 좋지 않은데 억지로 나아가려 애쓰면 환기를 시키다 도리어 비를 맞는다. 그럴 땐 잠시 창을 닫아 두고, 비가 그치고 밝은 해가 뜨면 그때 창을 활짝 여는 것도 나쁘지 않다. 이 방식이 모든 상황에 좋다고는 할 수 없겠지만 내가 제주에서 터득한, 해볼 만한 환기의 방법이다. 어떤 때는 창문을 열어도 개운해지지 않는다는 걸 알고 기다리는 것이다.

때로는 입을 닫고 기다릴 줄도 알아야 하는 것 같다. 각자의 입장을 잘 알지 못하는 상황에서 일단 그 상황에서 벗어나려고 애쓰다 보면 오히려 서로를 더 힘들게 만든다. 상대방이 어떤지 모르는 상태에서 내 감정이 이끄는 대로 따라가면 걱정되거나 답답한 마음이 생기기도 한다. 이때 뭔 일인지 알아내기 위해 상대방을 피곤하게 하는 것보다 그저 기다릴 때 더 자세한 이야기를 들을 수 있을지도 모른다. 비가 와서 온 동네가 습한데 창문을 열어놓은 상태로 제습기를 틀었다고 해서 이 습도는 사라지지 않을 테니까 말이다. 오늘은 답답하더라도 조만간 날이 걷혔을 때 창문을 모두 열어 환기하면 된다.

이런 환기의 기술은 사람과 사람 사이에만 적용되는 지혜가 아닌 것 같다. 해결하려 노력해도 당장은 해결될 수 없는 답답함이 있다. 힘들더라도 환기할 수 있는 때를 기다려야 한다. 생각해 보면 환기는 상대방을 포함한 그 누구보다도 나를 위한 것이니 말이다.

타인처럼 느끼고 노래하기

무드트리로 활동하면서 알게 된 뮤지션이 있다. 편의상 B라고 부를 이 친구와 알게 된 지는 2년 정도, 친해진 시간은 1년 정도 되었다. 기타를 메고 이곳저곳 무대에 올라 노래하는 이 친구를 처음 보았을 때 내가 가지고 있지 않은 이 친구만의 감성과 보컬 스타일에 매력을 느꼈다. 자신만의 메시지가 확실한 친구라 음악적으로 존중하는 동생이다.

제주에 와서 스스로에게 변화가 생기면서 나서서 새로 시작한 일이 있다. 집 근처 보육원에서 1년에 한 번 정기적으로 공연을 하는 것이다. 이 공연을 기획하던 때에 그때는 별로 친하지 않았던 이 친구와 함께 무대를 만들고 싶었다. 조심스레 제안하자 B는 너무 좋은 취지의 공연이라며 흔쾌히 응해주었고, 내가 처음으로 기획했던 첫 공연을 무사히 만족스럽게 끝마칠 수 있었다. 그 후 우리는 친해졌고, 함께하는 시간도 자연스레 늘었다. 자연스레 뮤지션으로서의 고민이나 앞으로 가야 할 길에 대한 진지하고 무거운 대화도 많이 나누게 되었다.

어느 날은 앨범을 준비 중이라는 B의 말에 문득 내가 좋아하는 이 친구의 분위기에 맞는 곡을 선물해 주고 싶다는 생각이 들었다. 하지만 섣불리 얘기를 꺼낼 수 없어 며칠 동안 고민부터 했다. 내가 보는 B의 분위기에 맞는 곡이 나올 수 있을까, 여러 코드 진행을 써보고 탑 라인도 흥얼거려 보았다. 그런데 메시지가 없어서 그런지 원하는 그림이 잘 나오지 않아 결국 B에게 이야기를 했다. 얘기를 들은 B는 흔쾌히 뭐든 물어보라 했고, 이어서 어떠한 메시지의 가사를 담은 노래를 부르고 싶은지 물어보았다. "형, 내 시간과 네 시간이 지나 만나게 되었을 때 감정을 담고 싶어."

조금은 추상적이기도 하고, 다양한 주제를 가질 수 있는 이야기였다. 이 주제를 풀어내려면 내가 어떠한 시간을 보냈고 상대방은 어떤 시간을 보냈을까, 그리고 우리의 시간이 만났을 때 서로는 어떠한 감정을 가지고 있을까, 이런 질문 속을 들여다보아야 한다. 내게서 나온 주제와 감정이 아니라서 음악으로 표현하기가 더 어려웠다. 작업은 생각보다 오래 걸렸지만 내가 본 뮤지션 B의 느낌을 최대한 살려서 한 글자, 한 음절씩 스케치를 했다.

이후엔 보컬 녹음이 필요한데, B의 느낌을 살리기가 무척이나 어려웠다. 나에게 없는 것들을 가지고 있는 친구이기 때문이다. 그래도 가이드 작업까지 어렵게 끝을 냈고, 친구에게 들려줄 일만 남았다. 막상 B에게 이 노래를 들려주면 어떤 반응을 보일지 상상이 되지 않았다. 혹시나 마음에 안 들지 않을까 긴장하며 노래를 들려주었는데, 다행히 이 친구의 반응이 나쁘지 않았다. 앨범으로도 발매하고 싶다는 이야기와 함께 고맙다는 말을 들으니 묘한 기분이 들었다.

이 작업을 하면서 생각보다 많은 것들을 얻었다. 우선

나의 감정이 아닌 상대방의 감정을 이해하면서 이야기를 쓰는 것. 정말이지 색다르고, 많은 것들을 생각하게 한 부분이었다. 음악적으로 나의 색이 될 수도 있는 멜로디나 가사가 다른 사람의 색과 합쳐졌을 때 또 하나의 색을 만들어 내는 것 또한 흥미로웠다. 노래하는 뮤지션을 상상하며 노래하는 것도 묘했다. 이런 경험은 내 이야기를 넘어 다른 사람의 이야기에도 귀 기울이며 공감하고, 그것을 음악으로 이야기할 수 있겠다는 큰 변화의 계기가 되었다.

또 다른 누군가에게 곡을 써주는 행복한 미래도 그려본다. 시간이 흐른 뒤에 내가 어떠한 뮤지션이 되어 있을지 모르겠다. 하지만 나뿐만 아니라 타인의 감정과 이야기를 공감하면서 곡을 만들고 싶다. 멀지 않은 미래에 이렇게 다채로운 곡들이 쌓여서, 감동과 울림을 주는 뮤지션이 되어 있으면 좋겠다.

누군가를 위해 기도하는 마음

어렸을 때 일이다. 크리스천인 고모는 나와 사촌누나가 교회를 가면 용돈을 주시곤 했다. 그래서 교회를 열심히 다니던 때가 있었다. 예배가 시작되면 피아노 반주에 맞춰 성가대가 노래를 하고, 목사의 기도가 이어졌다. 끝나고 찬양곡을 부를 때면 뭔가 모를 평화로움이 느껴졌다. 가끔은 가족들과 절에 가기도 했다. 산속에 있는 사찰에 들어설 때면 탁 트인 풍경과 조용하게 울리는 종소리, 그리고 향 피우는 냄새. 그 공간에서 느껴지는 편안함이 좋았다.

그러니 나는 두 종교에서 기도를 해본 경험이 있는 셈이다. 평온한 상태에서 기도하면 꼭 이루어질 것만 같은 느낌, 무엇 때문인지는 알 수 없지만 힘을 받는 것 같은 기분이 들었다. 커서 종교가 없는데도 한동안 매일 기도했던 시기가 있었다. 제주에 내려오기 직전, 75번지의 활동이 잘 풀리지 않아 답답했던 때. 기도를 하는 방법이 있는지는 모르겠지만 그때는 내가 바라는 것들을 줄줄이 생각하면서 내 식대로 기도를 했다. 너무 절박해서 지푸라기라도 잡는 심정으로 나를 구원해달라는, 외침 같은 기도였다.

최근 들어 또 기도하고 싶다는 생각이 든다. 그런데 내가 아닌 타인을 위해 기도하고 싶어졌다. 상대방을 위한 기도라니, 예전의 내 모습을 생각하면 상상조차 할 수 없는 일이다. 이렇게 변한 계기는 나도 잘 모르겠다. 그저 제주에 와서 조급하지 않게 주변을 살피면서 살다 보니 나만이 아니라 내 주위 사람들이 평온한 날들 속에서 살았으면 좋겠고, 조금이나마 근심이 덜어졌으면 하는 바람이 커졌다. 그렇다고 내 사정이 크게 나아졌느냐 하면, 그건 아니다. 그렇지만 타인을 위해 기도하다 보면 나를 위해 기도하는 것 같은 느낌을 받을 때가 있다.

내가 누군가를 위해 기도하는 마음으로 임하는 일이 있

다. 결혼식 축가다. 제주, 서울, 부산, 울산 등에 지인들이 있다 보니 축가를 하러 여러 지역으로 가곤 한다. 이동하는 것부터 일이라 웨딩홀에 들어설 때부터 피곤하지만, 식이 시작되면 금세 피로는 사라지고 두 사람을 위해 축복하는 마음만이 가득해진다. 두 사람의 아름다운 성혼선언문 낭독이 끝나고, 나는 그 마음을 가득 담아 축가를 이어간다. 노래가 끝나면 나는 항상 축하한다는 말과 함께 친구를 안아준다. 진심으로 잘 살았으면 하는 마음이 들어서 언젠가부터 나도 모르게 포옹을 한다. 행복해하는 두 사람을 보고 있으면 나 또한 행복해진다.

타인의 행복을 빌어주면 그것이 오히려 나에게 행복으로 다가오는 것 같다. 그러니 타인을 위해서, 그리고 나를 위해서 진심으로 행복을 빌어주자. 그것이 진정으로 행복에 가까워지는 길 같다.

목소리는 마음의 초인종

어릴 적 누군가의 집에 놀러 가서 초인종 소리를 들으면 집 안으로 들어가기 전에 그 집의 분위기가 대충은 느껴지곤 했다. 마음의 창이 눈이라는데, 내 생각에 목소리는 마음의 초인종과 같다. 목소리도 그 사람의 분위기를 어느 정도 짐작하게 만든다.

제주에 온 지 어느덧 3년이라는 시간이 흘렀고, 그 사이 나의 많은 것이 변했다. 놀랍게도 목소리도 변했다. 말할 때는 물론이고 노래할 때도 소리 톤이 달라졌다. 서울에서는 뭐가 그리 급했는지 서둘러 이야기하느라 말을 더듬을 때도 많았고, 노래할 때도 마찬가지로 톤이 조금 업 되어 있었다. 여태까지 나도 그게 내 목소리인 줄 알고 살아왔다. 그런데 제주에 오고 난 뒤부터는 차분하게 내 생각을 정리하고 천천히 이야기하는 버릇이 생겼다. 노래할 때도 자연스레 가라앉은 톤으로 바뀌었다. 내가 느끼는 거라서 다른 사람들은 눈치채지 못할 수도 있겠지만 말이다.

전에는 대화할 때 내 급한 말투를 상대방이 알아듣지 못해 한 번 더 이야기하는 수고가 많았다. 두 번 말하는 걸 좋아하지 않기에 수고라고 표현한다. 하지만 천천히 이야기하고 난 뒤로는 그럴 일이 없어졌다. 천천히 생각들을 정리해서 말을 하다 보니 내 얘기가 오히려 더 잘 전달되는 것 같다. 노래도 마찬가지다. 차분해지니 표현이 더 풍부하고 깊어진 느낌이다.

목소리만이 아니라 평소 듣는 음악도 달라졌다. 이전에는 밝은 분위기의 달달한 사랑 노래가 취향이었다면 지금은 차분한 분위기의 곡이나 재즈를 자주 듣는다. 음악 취향은 유행처럼 늘 바뀌는데, 요즘은 이러한 곡들을 자주 듣다 보니 작곡 스타일도 차분하게 바뀌는 것 같다.

때로는 한 템포 쉬어 갈 때 오히려 여유롭게 도착점에 도달할 수 있지 않을까. 정상만을 바라보며 누구보다 빠르게 한라산을 등반했다고 해 보자. 사실 빠르게 올라가는 건 그리 중요하지 않다. 한라산이 어떤 계절을 품고 있었는지, 정상에 올라 음식도 먹고 쉬는 동안 내가 어떤 기분이었는지, 또 하산을 하면서 어떤 감정을 느꼈는지 막상 시간이 지나 돌아보면 기억조차 하지 못할 테니 말이다.

어쩌면 나는 여태까지 정상만 보고 산에 오르기를 반복해서 그 사이의 어떤 것들도 보지 못하고 살아왔는지도 모르겠다. 정상에 오른 적이 없었으니 오히려 다행이려나. 이제라도 천천히 오를 수 있게 됐으니 말이다.

내가 앞으로 세상에 내놓을 이야기와 음악이 또 어떻게 바뀔지는 나도 모르겠다. 하지만 진심을 담아 이야기하기 시작한 것은 이곳 제주에 오고 나서부터다. 나 자신은 목소리가 바뀐 걸 느끼는데, 누군가는 눈치도 채지 못할 것이다. 나름대로 익어가고 있는 내 모습과 목소리가 나는 마음에 든다. 누군가는 다르게 받아들일 수도 있을 것이지만, 그러니 오히려 조금은 이기적으로 소리 내보려고 한다. 누군가는 웃을 것이고, 또 누군가는 귀 기울여 들어줄 테니까.

너의 노래

작곡: 동주, 최승호
작사: 동주, 최승호
편곡: 동주, 우영

1 유난히 힘들던 하루 네 모습 많이 지쳐 보여
   벅찬 하루였을 것 같아 이 노래가 너의 하루를
   포근하게 감싸 안아줄 위로였으면 해
   This present for you baby
   You're only one for me
   오늘 하루 있었던 일들 모두 다 털어놔도 돼
   Oh I don't want anything All you need is find
   걱정 마 우리 같이 가는 길은 항상 더없이 밝을 테니까
   Is gonna be a bright you know that

너의 노래

2 오늘 네 기분은 어때 오늘 하루 멀리 떠날까
어디든 좋으니 말해봐
네가 무슨 말을 하던 내 대답은 항상 같을께
The answer is yes
This present for you baby
You're only one for me
오늘 하루 있었던 일들 모두 다 털어놔도 돼
Oh I don't want anything All you need is find
걱정 마 우리 같이 가는 길은 항상 더없이 밝을 테니까
Is gonna be a bright you know that

지치고 힘든 모습 애써 감추지 않아도
억지로 웃음 지어내지 않아도
네가 볼 수 있는 곳에 항상 내가 있을게
널 언제든 내가 잡아줄 수 있게
Oh I don't want anything All you need is find
걱정 마 우리 같이 가는 길은 항상 더없이 밝을 테니까
Is gonna be a bright you know that

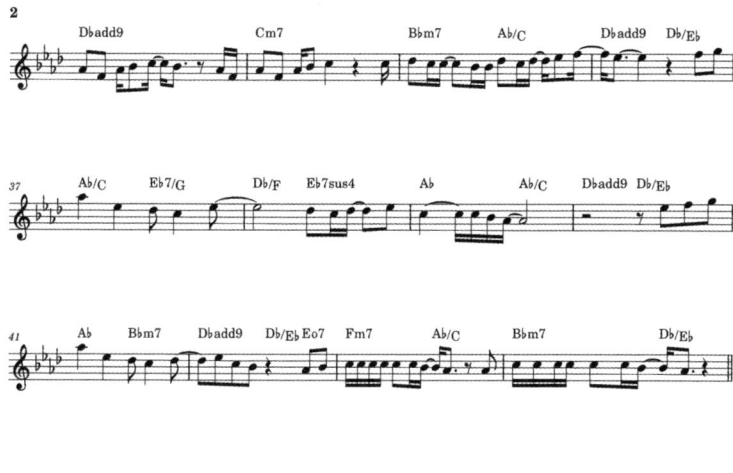

우리의 밤을 그려요

작곡: 동주
작사: 동주
편곡: 동주

---

1. 웃어주네요 오랜 시간 함께한 기분이 들어요
   그댈 볼 때면 나는 느낄수 있는 걸요
   우리 둘만의 비밀을 아무도 찾지 못하게
   깊은 바다에 숨길까요 저 하늘에 날려버릴까요
   그대 smile 나만 아는 표정이죠
   그대 smile 모두 내 것이죠
   둘만의 밤이 올 때면
   함께 접었던 그 추억을 펼쳐요

2. 웃게 해줄게요 그대만을 위해서
   함께일 때 편안하단 그 말에 나는 더 바랄 게 없어요
   우리 둘만의 사랑을 아무도 방해 못하게
   우리 여기서 만난 걸까요 이미 시작한 사랑일까요
   그대 smile 나만 아는 표정이죠
   그대 smile 모두 내 것이죠
   둘만의 밤이 올 때면
   함께 접었던 그 추억을 펼쳐요

우리의 밤을 그려요

1 처음 제주에 왔을 때 한 달 묵을 숙소로 잡았던 화순리 숙소 앞 골목.
2 화순 금모래해수욕장으로 가는 길에 보이는 안덕 우체국.
3 금모래해수욕장으로 가는 길에 보이는 안덕 의원.

화순 금모래해수욕장에서 보이는 산방산.

조금씩 구름이 걷히는 하늘처럼 내 마음도 시간이 지나면 걱정 없이 맑아질 것만 같다. 제주에 온 뒤로 마음속 어딘가가 후련해졌는지 보이는 풍경들이 예쁘고 아름다움을 비로소 느끼게 되었다.
드라이브를 하다가 차를 세우고 찍은 안덕면 풍경.

화순리에 도착해서 처음 동네를 산책하며 알게 된 골목. 아래쪽에 금모래해수욕장, 오른쪽에 산방산이 보이는 언덕에서 가슴이 탁 트이는 느낌이 들었다. 그 가슴에 어딘가 고요하고 슬픈 감정이 찾아오는 것 같았다.
이사를 간 뒤에도 종종 찾아가 걸었던 화순리의 골목길 위 풍경.

에필로그

싱어송라이터 동주

낯선 섬에서 시작해 편안한 제주로 느끼기까지 3년의 시간이 걸린 것 같다. 그 과정에 많은 일들이 있었고, 여러 감정의 손님들이 다녀갔다. 3년이 지난 지금, 나의 제주 생활은 이제서야 시작된 것 같다. 섬에 있는 시간 동안 지냈던 화순리와 대정읍 생활은 모두 마침표를 찍게 되었다. 다음 행선지는 어디가 될지 모르겠지만 제주를 떠나지는 않을 것이다.

그리고 나는 진심을 노래하는 싱어송라이터 동주로 새로 시작한다. 어떻게 보면 나의 세 번째 시작이라 할 수 있겠다. 많은 것을 또 겪겠지만 이제는 반갑게 사랑으로 마주하려 할 것이다. 내가 여태껏 비워낸 것, 비우니 채워지는 것들, 가득 찬 마음으로 새롭게 바라보는 것들까지 모두. 앞으로는 물론, 지금까지 만나왔던 모든 것들에 감사하다. 당신에게도 아프지만 비워지는 것들이 있을 것이다. 아프지 않길 바라고 다시 채워지는 것들에 행복과 사랑이 가득하길 바란다.

이제 나는 한 악보의 끄트머리, 달세뇨*에 도착했다. 혹시나 이 글을 읽는 당신이 나를 찾아보거나 우연히 나의 음악을 만나게 된다면 우리 사이에 조금 더 큰 공감이 생긴다면 좋겠다. 이 책이 나온 뒤에도 나는 느리게 걸어가는 삶을 살아가고 있을 것이다. 급하게 앞만 보며 살면서 놓쳤던 가치와 마음들. 이제는 가득 안은 채 내 인생의 악보에 표기된 세뇨로 돌아가 다시 마주하는 한 마디, 한 마디들을 새롭게 연주하려 한다.

---

* '세뇨' 표가 있는 곳으로 되돌아가 연주하라는 음악 기호. 악보에는 D.S.라고 표기한다.

섬에서 그린 악보
dal segno

초판 1쇄 발행 2023년 12월 25일

지은이 황동희
펴낸이 신승연

편집 서예람
디자인 이세래나
사진 황동희

펴낸곳 그린씨드 GREEN SEED
출판등록 제2020-000057호
주소 제주특별자치도 서귀포시 서문로 1
전화 1660-2565 **팩스** 0504-466-6638
홈페이지 www.greenseed.co.kr
전자우편 greenseed.books@gmail.com

ISBN 979-11-93175-00-2 03810

- 이 책의 판권은 지은이와 그린씨드에 있습니다.
- 이 책은 저작권법에 의하여 보호를 받는 저작물이므로 무단 전재와 복제를 금합니다.
- 파본이나 잘못된 책은 구입하신 곳에서 교환해드립니다.